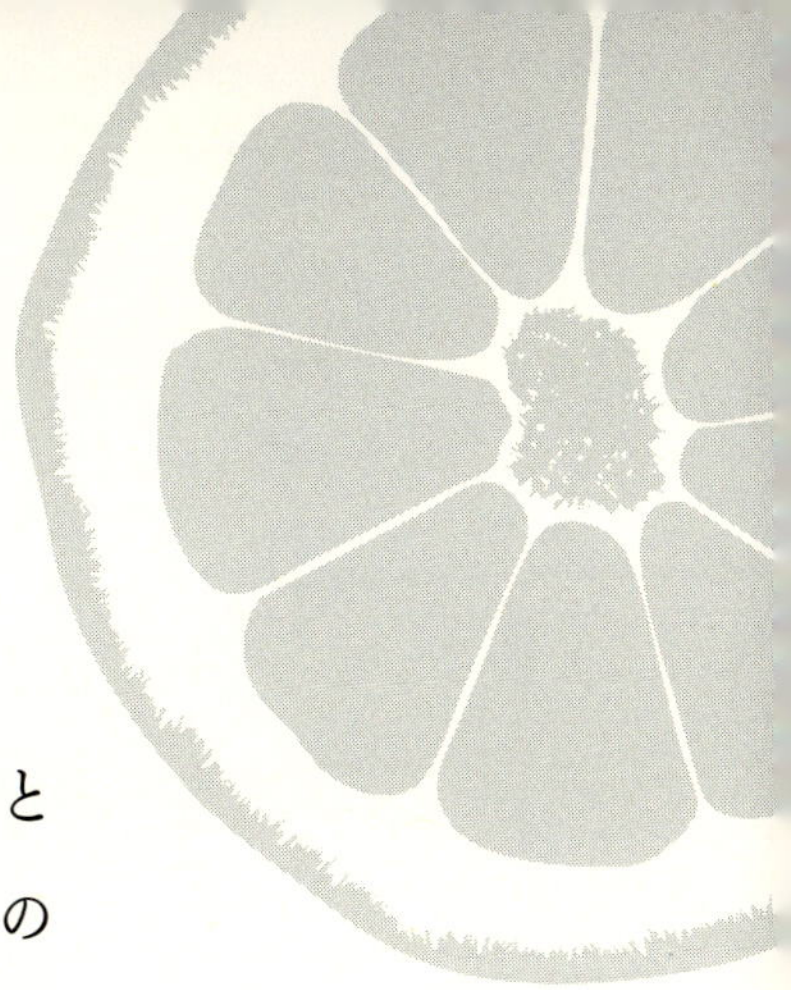

主婦と
労働の
もつれ

その争点と運動

村上 潔

Murakami Kiyoshi

洛北出版

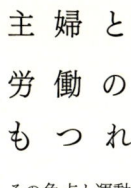

第6章

主婦だからできる「働き」？
――ワーカーズ・コレクティブのアポリア……234

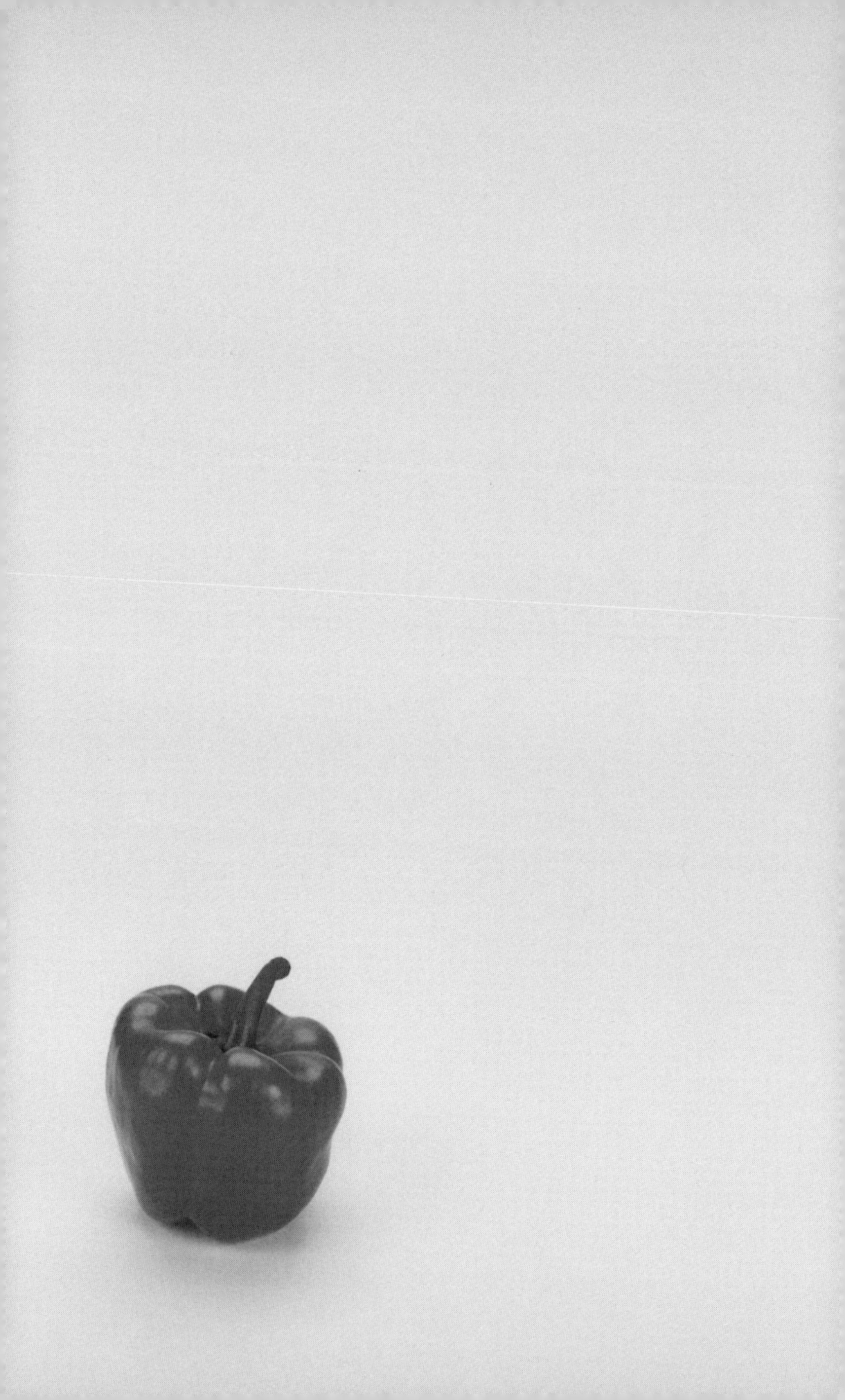

凡例

参照または引用文献は、著者名・発行年・頁数を［　］で括って示し（例［村上、二〇一〇、一二三頁］）、巻末の「文献一覧」のページにて、その詳しい書誌情報を記した。文献一覧は著者（発表者）名を五十音順に並べてまとめてある。

引用文中の［　］は、村上による補足・補註の挿入である。また、［…］は、引用文中の語や段落を略した箇所を示している。

引用文中の／記号は、原文改行の箇所を示す。

本文中の《　》は、語のまとまりを示すために用いた。

本文中に登場する個人の所属や肩書は、当該の論文や書籍が発表された当時のものである。

［第1章99頁］は、「本書の第1章の99頁を参照」を意味する。

註は、註番号近くの奇数ページに示した。

主婦と
労働の
もつれ

その争点と運動

序章

本書の問題意識と構成

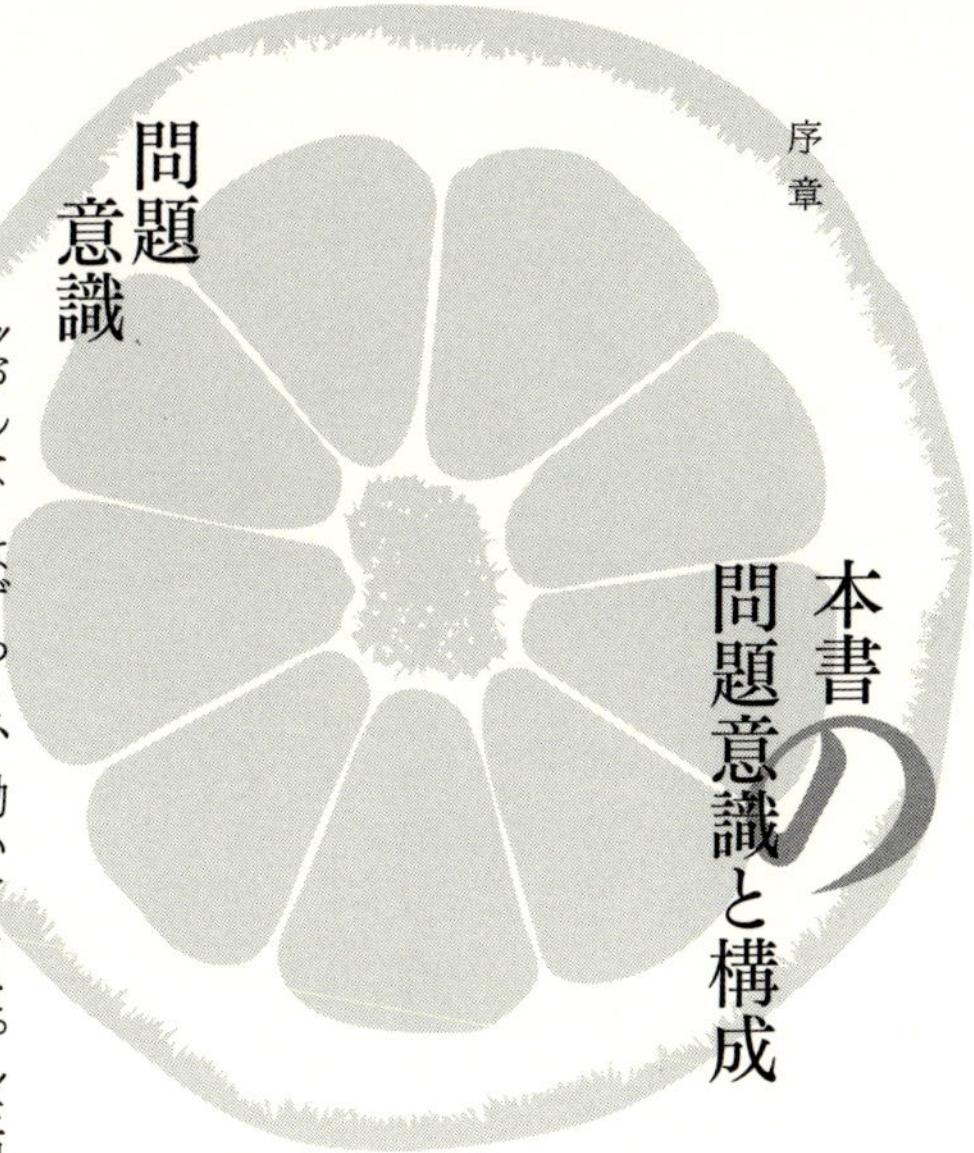

問題意識

〝おんな〟はずっと、働いてきた。〝主婦〟もずっと、働いてきた。そのように言われる。

そして、それはもっともな物言いである。

しかし、女は、主婦は、さまざまな理由・要因から、その「働き」を無視・無効化されてきた。そのことも、大いに問題化されてきた。

それでもまだ、気の遠くなるようなたくさんの「問題」がある。

「女性労働」の問題と「主婦の働き」の関係。主婦に与えられている制度的措置の問題。「主婦であること」が女として生きるうえでもつ意味。

労働問題だけではなく、お金の問題だけでもなく、意識の問題だけでもない。素朴にいえば、とても複雑で、やっかいで、収まりのつかない、すっきりしない問題だ。これがすっきりすることは、おそらく、ない。どんな制度ができても、どんな法律ができても、これがすっきりすることは、ない。そういう前提で、私は、この問題と向き合っている。

さて、向き合うにあたって、いくつかの視点の設定が必要になる。一つは、制度を設計する側やそれに対抗する大きな流れのなかでの、主婦の働きの位置づけである。次に、働く主婦たち自身が、そうした位置づけに対してどのように疑問や反感をもち、「抵抗」していったのか、という視点が必要である。そして最後に、抵抗というよりも、大きな上からの位置づけを前提にしつつも、そのなかで、新しい価値を自分たちで作っていくための実践に注目してみること。以上三つの視点を、この本では採用する。

主婦が働くことをめぐって行なわれる「議論」は、尽きることがない。そこでは、配偶者控除や年金受給のありかたのような話もされれば、「パート主婦」の労働意識のありようも問題にされる。そして、それがミックスされてさらに議論が形成されたりもする。

それを丹念に解きほぐして分析することも必要だとは思う。そして、そういうことをしてくれている研究者もいる。だから、というわけではないが、私は、そのあたりの分析はある程度ざっくりとしていて、むしろ、そうした「単純でありながらおかしな議論」に対して、その時々にそのおかしさを指摘し、新しい、より適正な議論と運動方針を設定してきた人たちの存在をしっかりと提示したいと思った。

さまざまな「論争」では、つねに何か・誰かが見落とされる。存在を消される。利害を無視される。ないしは単純化されて誤解される。だから、そこで落とされ、消されたものを拾いあげて、その意味を考えないといけない。そして、その「意味」は、つねに正しくポジティブであるとは限らない。さまざまな矛盾を孕んだものが、ひとかたまりにごそっと落ちている場合が多々ある。だから、矛盾は矛盾として指摘しなければならない。大まかにいって、本書はそういう作業の集積である。

主婦の働きをめぐる評価・運動・実践においては、さまざまなレベルで協調と対抗の力学が生じる。組織間・当事者間、そして組織と当事者の間に。評価をする側とされる側の権力関係もある。制度を支える側、制度に無自覚な層、そして制度に対して運動を展開する人たち。この関係も、そうすっきりとは整理できないながらも、ひとまず力学の図式を描ける。そして、何か新しい価値をつくる実践をできる人とできない人。実践の主体と、その実践がとり込む客体。この関係も、ふだんは当事者によっても意識はされないが、それだけにとても深刻な力学がある。それらを明らかにしなければならない。

政策分析・情勢分析・意識調査、といった類いの研究は、この分野にたくさんある。それから女性の労働運動・市民運動に関する研究もそれなりにある。ただ、「主婦」と「働き」をつなぐ回路の――そしてその回路から派生するさまざまな問題の――構造について考える場合、そうした特定の分析・調査の形態ではなく、そのそれぞれが打ち出す歯切れのよい「成果」を、もう一度歯切れの悪いレベルにまで引きずり戻して、混ぜ合わせたうえで嚙み砕くようなやりかたをしないと、本当に抽出したい成分は出てきてくれないのではないかと、私は思っている。タイトルに「もつれ」という言葉を入れたのは、そのためだ。「アイデンティティ」・「葛藤」・「矛盾」。当事者のありようを表す際に、こういった言葉だけでは、空疎である。その内実を、あくまで具体的な言動や動向から表したいと思った。それはもちろん、非常に困難で高度な作業だ。私には荷が重過ぎることは百も承知だが、この本でそれを少しでもやってみたいと思った。

この本は、「働く」こと(と向き合うこと)を媒介にした、《主婦当事者によるアイデンティティの模索と思想獲得と運動・実践構築》の歴史、そしてそこから導き出される課題と展望を描き出すことを最終的な目的としている。具体的には、たんなる「政策課題」としてパート労働問題を分析する見方や、主婦の賃労働を一概に「家計補助」という前提のもとに捉える見方からでは見落とされてしまう主婦当事者の葛藤・反発心や、それにもとづく自律的な自己規定と評価の実践、また「主婦が働く」ことをめぐる多様な論理形成と運動・実践の形態ならびにその意義を明らかにすることである。

そこでまず、分析を進めていく際の前提となる、これまでの関連研究の概要を確認しておきたい。

「主婦」について

世界的なフェミニズムの成果として、「主婦の誕生」を論じたオークレー［Oarkley, 1974b＝一九八六］と、主婦の（組織的）「運動」の歴史と同時代的意義を論じたアンドレ［Andre, 1981＝一九九三］の研究は、まず前提とされるべきものである。どちらも、社会構造的ならびに思想・規範的に「主婦」という立場が確定されていく様相を、集団論・制度論の俎上で開示したもので、当事者の自己規定と、運動の展開のありかたと課題とを明確にした、画期をなす意義をもっている。

そして、理論と運動の両面においてよりドラスティックなパラダイム・チェンジを示したのが、ダラ・コスタの著作［Dalla Costa, 1986］である。これによって明確に主婦の無償労働《アンペイド・ワーク》が争点化され、「労働の拒否」という戦略とともに、女性労働／再生産労働をめぐる議論における対抗運動的な側面の土壌が形成された。そして、女たち自身によるラディカルな運動の可能性を開いたことも重要である。

もう一つ重視しなければならないのは、ミースらによる、世界システム論を下敷きにしたエコ・フェミニズムが打ち出した視角である〔Mies, Benholdt-Tomsen and Werlhof, 1988/1991＝一九九五〕。特にヴェールホフが強調する労働（力）の「主婦化」という概念〔Werlhof, 1991＝二〇〇四〕は、眼前では容易に捉えることのできない深遠な搾取の構造を描き出し、これによって女性労働の再定義のみならず、「労働者」・「プロレタリア」の再定義も同時になされた。

以上の成果は、これから本書で確認するような、日本の主婦当事者による思想＝運動構築の様相と対比したうえで、その前提条件の違いなどについて考察する必要がある。

日本における「主婦の誕生」は、大正〜昭和初期に都市部の新中間層のなかで性別役割分業が定着したことをその萌芽とし、高度経済成長期に一気に一般化したことで顕示される〔居神、二〇〇四。木村、二〇一〇〕。そうして生み出された「主婦」の特質は、企業社会と近代家族の結合というシステムによって規定される面が大きいと指摘される〔木本、一九九五〕。

日本の専業主婦のライフコース分析・意識実態分析は、ある程度研究の蓄積がある〔国広、二〇〇一。小谷、二〇〇七〕。また、「兼業主婦」の働く様態に関するルポルタージュもある〔富士谷、一九八四〕。そして近年、「主婦パート」の構造的問題を取材し指摘した書物が新書版で刊行［本田、二〇一〇］されるなど、この問題に関心をもった人が手にすることのできる文献が充実しつつある。だが、（役割・実情としての）《主婦－労働》という本来異質な二つのファクターがオーバーラップする地平の内実を、正面からありのまま捉えようとした研究やルポルタージュはまず見当たらない。

「主婦」が「働く」ことについて

家事労働にせよ、市場における労働にせよ、主婦の「価値」は、「労働」との関係性から測られてきた。〝外〟で働かない主婦を肯定的に評価する際には、〝内《うち》〟での（家事）労働が讃美されたし、専業主婦を否定的に評価する際には、〝内〟での労働は「労働」と見なされてこなかった。

〝外〟で働いても、働かなくても、一方では価値づけられ、他方では無価値とされる、ねじれた評価の仕組みがある。このことが、「主婦が働く」問題が（職業婦人的な意味あいを喚起させる）「女性労働」問題とは異質なものとして扱われてきた原因にもなっているだろう。そもそも、「主婦」と「働く女性」とは別、と前提されているのである。

こうした矛盾を一身に体現しているのが、「パート主婦」である。[1]「パート主婦」は――《専業主婦》と《職業婦人、キャリア・ウーマン》のようには、単純に区切れないがゆえに

――働く／働かないの両極の力がもっとも複雑に入り組む、最大の「磁場」なのである。したがって、「パート主婦」には、より働かせようとする論理と、一定以上働かせまいとする論理とが、同時に入り組んで機能する。この複雑さゆえに、「パート主婦」に対して投げかけられる単一の規範的なアプローチを踏襲するだけでは、事態を見誤る結果を招く。「パート主婦」という立場に甘んじていることを、たんなる甘えや現状維持志向と捉えたり、その状況を「女性解放思想・運動の未成熟さ」と短絡的に帰結させて評価することや、逆に、「賢く家計補助（内助の功《こう》）を担う、合理的選択としての主婦の知恵」などと称揚したりすることも、適切ではない。

パート主婦にはパート主婦なりの利害がある。その利害は複雑に絡みあっているため、当事者は、局面局面で異なる次元の選択を迫られるときもある。したがって、大組織としての政党や運動がパート主婦を動員しようとしても、それは不可避的に困難をともなう。それが、「やはり主婦は（政治的）意識が低い」というような評価が一般化される原因ともなっている。「パート主婦」の問題を考える際には、こうした構造を念頭においたうえで、その死角に陥らないように留意する必要がある。

本書では論じられないこと

次に、重要な論点ではありつつも、本書では表立って論じる余裕のない議論について、あらかじめ述べておく。

まず、家事労働の価値をめぐる論争とその評価についてである。これは、日本では主に「第二次主婦論争」から本格化した論争であるが、家事労働が市場的価値をもつか、もつとしたらそれはどのように計量され、どのように支払われるべきなのか、といった内容である。この問題は、現在においてもフェミニスト（経済学）のなかでさえ議論に統一は見られず、評価が非常に難しい問いである［立岩・村上、二〇一一］。私は、この理念的な問いの検討に本格的に着手することは、本書と同時並行には行なえないと判断した。したがって、本書は、この問いに対する結論を留保している。

1――「パート」に関しては、「パート主婦」「主婦パート」「パート婦人」「パートタイマー」「パート労働」などさまざまな表現がある。本書では、なるべく引用先の出典の表現を尊重するように使用していくが、そのためこれらの表現が混在することになる。あえて統一はしないことを、あらかじめお断りしておく。

ただ、家事労働という「政治」の機能については意識的でなければならないと考える。オークレー［Oarkley, 1974a = 一九八〇］、フォルトゥナーティ［Fortunati, 1981 = 1995］、さらに前述のダラ・コスタによる問題提起は、家事労働が家庭において、そして市場全体において、いかにその無償性ゆえに機能しているのかを、きわめて「政治」的に教えてくれる。そこからどのような「運動」が立ち上がる（べきな）のかを理念的に構想することは、現実にあった世界各国の当事者運動を分析するうえで、きわめて有用な手段である。

次に、手法としての「性別役割分業」批判の限界という論点についてである。主にウーマンリブ運動が自前で叩き上げた理論のうち、もっとも注目すべきであると考えられるものの一つが、この「性別役割分業」批判である。労基法改悪反対実行委員会編の資料［一九八二］などに詳しいが、「（女性）差別」・「（男女）不平等」の根源を「性別役割分業」という近代的統治システムの問題に収斂させようとする女性運動・研究者らの傾向に対し、リブの側はそれが根源の問題ではないことを主張した。そこには、一つには大きな問題として「前近代」をどう捉えるかにおける――近代システムを「超える」ことを目的とする運動への評価も含めて――立場の違いがあるが、もう一つには、「性別役割分業」を是正することが自己目的化し、「女（おんな）の解放」というきわめて深層的で禍々しさを孕む問題が、「男女平等」という平面的かつクリーンな課題設定へと転換／回収されていく動きに対する（違和感の）感度の問題があった。これは主に第4章・第5章に関係する論点であるが、この性別役割分業批判の功罪、ならびに《批判への批判》の功罪については、本書中では十分に展開することができなかった［村上、二〇〇九b・二〇一二bも参照］。今後、エコ・フェミニズムの成果などを参照しつつ、さらに深めていく課題として担保しておきたい。

　最後に、これは日本の文脈においてであるが、そもそもの――パートをはじめとする「女子労働」一般がそうであるとされる――「補助的労働」の起源はどこにあるのか、という問いについてである。これに関しては、戦前～戦後の「出稼ぎ女子」労働力がいかに高度成長後の「パート婦人（主婦）」労働力に流れ込んでいったのか、という点をしっかりと検討する必要がある。検討の際は、「日本資本主義論争」をふまえたうえで、歴史的な「婦人労働」研究［社会政策学会編、一九六二］を参考にしつつ、構造的な分析を試みなければならない。これは日本の資本主義／労働力構成の特質という問題にまで迫ることを求められる、きわめて大きな作業となる。本書では、そうした本質的な問いまで掘り下げて「主婦の働き」を位置づけることまではできなかった。しかし、いずれここまで掘り下げた考察を経ないことには、最終的な論の定位はできない。積み残したというにはあまりに大きな課題ではあるが、いましばらく留保させていただきたい。

本書の構成

では、以下、本書の構成と論旨の概要を紹介していく。

第1章

まず、戦後日本社会における、(主婦の、というよりも)《女性の労働》のありかた、をめぐる最初の大きな論争である「主婦論争」(一九五五年から一九七〇年代前半まで三次にわたり展開された)の構図の再検討を行なう。◁2 この章では、従来の研究でもっとも根幹的な参照点となっている上野千鶴子編[一九八二a・b]で示された基礎的な枠組みを、論調に応じて新たに四つの対象――①働く、②働かない、③働かないからこそできる活動/運動に打ち込む、④働かざるをえない――に分類しなおしたうえで、論争において何が争点とされ、何が争点とされなかったのか、それぞれの立場の間にはいかなる潜在的な共通点や断絶があったのかを明らかにする。同時に、以上の整理をふまえたうえで、いまの時点から考えて本来要請されるべき(であった)議論の姿と、そこから発展的に導き出される課題設定の可能性について述べる。

第2章

「主婦論争」でもそうであったように、高度成長期において現前化していたはずであるのに、当時一般には大きな課題として認識されなかった主婦のパートタイム労働。第2章では、日本で主婦のパート労働が識者の間で問題とされ始めた時期における評価を分析する。まず当時（主に一九六〇年代後半）の全体的な状況を概観したうえで、五人の女性労働問題研究者の見解を抽出して整理し、当時の《主婦パート》問題への評価がどのような特色をもっていたのかを明らかにし、そのうえでその潜在性と課題を指摘する。

第3章

前章までの《主婦－パート》に対する評価者側の視点ならびにその問題点をふまえて、これ以降の章では、主婦当事者たちによる自律的な取り組みを検討する。まずこの章では、

2――妙木忍［二〇〇九］は、「主婦論争」の対象を大幅に拡張し、第六次まで設定している。その意図は理解できる。しかし本書では、あくまでベーシックな第三次論争までの（最低限の）枠組みの範疇で、最大限有効な議論を組み立てることを試みている。

一九七〇年代初めに東京・国立市の公民館で企画されたセミナーの記録を主な題材として、社会的に「主婦」の価値が揺らいだ状況のなかで自らの存在のありようを実直に解明しようとした取り組みの様相と意義を検討する。また、この取り組みに影響を受けたその後の（別の）運動の展開についても確認する。

第4章

次に、「パート主婦」当事者が生み出した自律的な思想・運動の実態と特徴を把握する作業として、一九七〇年代後半から八〇年代にかけて東京・東村山市を基点として活動した、（ウーマン）リブである主婦たちのネットワーク〈主婦戦線〉の活動を総合的に把握し、その意義を検出する。主に、この運動体の基幹テーマである「主婦性」・「主婦的状況」の規定のされかたを確認し、その主張が従来の「主婦」評価の基準を完全に相対化しうる、まったく異なる地平を拓《ひら》いた斬新な提起であったことを指摘する。また、彼女らが当時の女性運動／リブ運動のなかでいかなるポジションにあったのかを明らかにし、そのことが示す意味も検討する。

第5章

続く第5章では、〈主婦戦線〉の活動組織として発足した〈主婦の立場から女解放を考える会〉（一九七八年〜）と、同会が母体となって結成された〈パート・未組織労働者連絡会〉（一九七九年〜）によって展開された、労働をめぐる実践的な問題提起の変遷を確認することで、「主婦」の「パート」問題を考える視座のありかたをめぐる当事者たちの模索の過程を明らかにする。彼女らの、自らへの階層規定のまなざしと、そこから導き出される《主婦－労働者》の定義と現実的な利害認識、ならびに状況に応じて構築される自前の戦略に裏打ちされた行動の意義とを評価する。

第6章

最後に、一九八〇年代に生まれた、主婦の自律的な労働実践としての「ワーカーズ・コレクティブ」が、いかなる課題を内包してきたかを確認したうえで、それが近年の経済危機による労働市場の緊縮状況にともなって、雇用対策として期待されて（しまって）いる現状を捉え、その性格変容の意味を解明することを試みる。

「主婦」が「地域」のために「非営利」で仕事をする。これが、理念としても、実態としても、ワーカーズ・コレクティブの基軸にある原則である。この原則のもとに、これまでワーカーズ・コレクティブを組織してきた主婦たちの意識が、現在の労働市場、雇用環境のありかたを受けて、どのような方向性を（新たに）模索しているのかを確認する。

そしてそれは、はたしてどのような展開が想定されているのか、その現実性はいかほどなのか、その試みを実現させる／させようとすることによって、いかなる矛盾・ジレンマ・限界が生じることになるのか。以上の点を導き出していく。

終章

終章では、本書の総括とあわせて、いま「主婦」としてあることは、《働く／働かない女性》全体の問題として、どのような意味をもっているのかについて考察し、本書のまとめとする。

1 主婦は「働くべき」か？という問い
——「主婦論争」再検討

現在、「主婦」であることと、「働いている」こととは、特に人に違和感を与えることなく、自然につなげて捉えられる状況にあるだろう。

だが、そのつながりのありよう自体は自明なものではない。また、単一の実態モデルがあるわけでもない。したがって、《働く主婦》といっても、その全体像は漠然としている。よって、その内部に幾重にも存在する利害のズレや、外部の評価と自己評価とのズレから生じる葛藤などが、つねに生ずる。しかし、そうした問題とその社会的な意味は、一般にはつかみづらい。

本書ではまず、以上の課題に迫るため、歴史的に遡って検討を始める。はじめに、「主婦論争」という、《主婦は働くべきか否か》をめぐって戦わされた議論の過程を振り返ってみる。そのうえで、《働く／働かない主婦》内部の切り分けと、その切り分けられた各部位に相当する思考／取り組みの振り分けを施し、将来的な行く末を展望することにする。

「主婦論争」とは、簡単に説明すれば、一九五五年に始まり一九七〇年代前半まで断続的に生起した、日本における「主婦」のありかた——その立場・役割や労働の評価——をめぐる論争である。その特徴に関する分析や批判的な考察はさまざまな研究者が行なっているものの、現在までの女性の「労働」をめぐる諸環境を包括するかたちでの、この論争が担保していた課題と潜在要素を追求した研究はなされていない。

「主婦論争」については、上野千鶴子編『主婦論争を読む　全記録』Ⅰ・Ⅱ［上野編、一九八二a・b］に主要な各論考が編纂されている。もちろん、それをもって「全体像」と捉えることはできないが、基本的にはこの枠組み・整理のなかにある一定の文献を検討するだけでも、本質的な議論を構築することは可能である。▽1

本章では、「主婦論争」を内在的に読み解き、主にその対象となる層を念頭におきながら、争点を軸に論調を図式的に分類していくことで、①論じられていたことが実際にはどのような現象としてあったのか、②それらはどのような関係を取り結んでおり、いかように均衡を保ってきたのか、③現状の課題と照らしあわせた際、改めて力点を置かれるべき立場はどこにあるのか、を指摘する。これまでの「主婦論争」理解における全体の構図・枠組みでは明確にされていなかった領域設定を改めて行なったうえで、「主婦論争」をめぐる構図そのものの読み換えを行ない、そこから導き出される「展望」を述べる。

はじめに、論争の展開を振り返ることから始めよう。以下、上野の整理にしたがい、一九五五～五九年の第一次、六〇～六一年の第二次、七二年の第三次と分けたうえで、それぞれの様相を主たるポイントに特化したかたちで確認する。

「主婦論争」の様相

第一次主婦論争の主要三類型

「主婦論争」の火つけ役は、一九五五年二月に発表された、石垣綾子《いしがきあやこ》「主婦という第二職

1――主婦論争関連文献の全体像は、http://www.arsvi.com/d/h04.htm（筆者・村上作成）を参照。

業論」〔石垣、一九五五→一九八二〕である。

石垣論文は、働いている女性たちと、主婦になり働くのをやめてしまった女性たち、そしてこれから社会へ出ていく女性たちに向けて、厳しい心構えを説き、激励したものであった。「家庭の雑事が社会の職務となってゆく以上、女は職場という第一の職業と、主婦という第二の職業を兼ねてゆかねばならない。経済的にゆとりのある女だからといって、職場についてはいけないという理由はない。働くことは、男にとっても女にとっても人間としての権利であり義務である。／けれども〔…〕子供をもつ母親は、社会に出て働くことはむずかしい。この不合理と矛盾を解決するために、新しい社会の実現のために、自分の力と努力を注いでゆくことが、女のよろこびであり、誇りであると私は考えている」〔石垣、同、一三―一四頁〕。石垣が描くあるべき主婦の姿とは、「家庭と職場の両立」を成し遂げる、たくましい自立した女性像であり、その努力によって男性と対等の地位を獲得できるのだと主張する。現在の社会状況のなかで主婦が働くことの困難さを認めつつも、それを押し切って果敢に職場に進出せよという強い提起であった。▽2

これに真っ向から反対したのが、坂西《さかにし》志保《しほ》である。坂西は、女性の「主婦役割」を第一に押し出すことによって、その価値を低く見積もる石垣の見解に抵抗した。その主張は、「結局は女の人は結婚するもの、男の人は職業を自分の一生の仕事としている、という区別がある」〔坂西、一九五五→一九八二、二二頁〕という認識にもとづいている。坂西は職場進出について、人それぞれ働くのは自由だが、「誰でも一様に外に出て働かねばならぬという意識は、今後捨てていただきたい」〔坂西、同、二二頁〕と意見した。

この対立軸に別な観点から切り込んできたのが、清水慶子《しみずけいこ》である。清水も坂西同様、主婦という立場に誇りをもつ、という立場なのだが、その拠りどころを主婦業にではなく、主婦たちによる社会的な運動（住民運動・市民運動）・活動におく。主婦は、「職業人として一日外で働いている夫や同性」に代わって、「社会を住みよくするために」「自由で精力的な活動」〔清水、一九五五→一九八二、三二頁〕をするのだ、という姿勢である。

この三者三論が、第一次主婦論争の根幹となる三つの柱であり、同時に、以降提出されてくる議論の配置基準ともなる。この三つをまず、Ⅰ「職場進出論」、Ⅱ「主婦天職論」、Ⅲ「運動主体論」とカテゴライズしておく。

第一次主婦論争の伏流

次に、上記三類型が出揃った後に出された、それらへの批判的な意味あいの強い論を二

2——石垣の思想の特徴については、村上〔二〇〇六〕も参照されたい。

つ取り上げ、確認する。その存在の意義については、後の検討部分でくわしく述べる。

嶋津千利世《しまづちとせ》は、きわめて本質的な提起を行なった。まず、「家事労働が女性だけの仕事である」ことを論争中初めて問題化し、そうした条件は「女性の進歩をさまたげている不断の障害ではないだろうか」〔嶋津、一九五五→一九八二、三五頁〕と問うた。嶋津は、石垣も坂西も「積極的に家事労働を神聖化している」と批判し、両者の議論は「少《マ》く《マ》とも現在の主婦の位置を前提にして、その上で生活態度だけを問題にしている」と指摘した〔嶋津、同、三六頁〕。そして、「現在の条件のもとでは、働く女性は、自分一人の生活をも保障されず、また、保障される約束さえない」〔同、三五頁〕という女性たちの不安定な生存条件を問題にし、「問題の焦点は、実は資本主義の発展のもとで、男女平等の条件が次第に準備されてきているとき、現実に支配している不平等は、いったいどこから起ってくるのか、それはまたどのような目的のために、何によって強められているのか。これに対して主婦は、女性は、どう対処してゆくのか、ということにある」〔同、三六頁〕と述べた。

これは、「主婦論争」全体を通して根底で抱えられるべきたいへん大きな問題提起であったが、結果としてこの後の論争の流れでは、この問題は正面から受けとめられなかった。

田中寿美子《たなかすみこ》は、アメリカの事例を引き合いに出し、日本の職場条件の悪さを前提としたうえで、女性の職場進出をせき止める動きに異を唱えた。同時に田中は、日本の女性が経済的に独立して人間としての自由を得ることの重要性は認めつつ、「ただ、それは、いまの日本の社会環境のわくの中では、中途半ぱな自由にしかならない、ということを忘れてはならない。第一、経済的独立、といっても、日本の婦人の稼ぎは、平均していつも男子の半分以下という低さで、一部の婦人をのぞいたら、経済的には半独立しかできていない。日本の婦人の、職業に対する腰かけ的態度は、この低賃金の影響であるともいえる」〔田中、一九五五→一九八二、九四頁〕ことを指摘した。

田中は、主張としては石垣と同じI「職場進出論」であるが、理想と現状認識との比重の置きかたが大きく異なっている。田中ならびに嶋津は、現代の日本社会において女性が働く際の制度・構造上の障害を大きく問題化している。石垣は、それを認識しつつも、とにかく女性が突き進んでいくこと、現場で奮闘することこそが解決への道なのだと主張し、逆に坂西は、そのような状況なのだから無理して働くことはない

4つの立場性

	カテゴリー	主　張
I	職場進出論	困難に立ち向かって男性と対等に働く
II	主婦天職論	結局は家庭に入るのだから働きに出る必要はない
III	運動主体論	働いていないからこそできる運動・活動をする
IV	構造的貧困論	働かねば生きていけない女性の立場を前提におく

という立場である。田中・嶋津の両者は、制度・構造上の（資本主義的）問題の根本的な解決に向けた取り組みと、実際に女性が職場へと進み、仕事と生活を確立していくこととの両方を、並行して漸進させていこうとするスタンスである（この二人の立場は、従来の研究では「社会主義的婦人解放論」とカテゴライズされている）▽3。ここでは、これを先の三分類につなげるかたちでⅣ「構造的貧困論」と位置づける。そのように名づけた理由は、45頁以下の「「**主婦論争**」**の問題点**」の節で述べることにする。その前に、引き続き第二次そして第三次主婦論争における論争の特徴を整理しておこう。

第二次主婦論争

第二次主婦論争では、磯野富士子《いそのふじこ》が提起した「主婦労働無価値説」と、水田珠枝《みずたたまえ》が提起した「主婦年金制」が、大きな特徴ある主題として挙げられよう。磯野は、主婦の家事労働が価値を生まないのは、それが主婦による労働であるがゆえであり、よって「必ずしも主婦が本質的に非生産的な存在であることを意味しない」ことを強調した［磯野、一九六〇→一九八二、一四頁］。水田は、主婦の家事労働を裏づけとした経済的独立の（あくまで暫定的な）方法として、「主婦年金制」というアイデアを打ち出した［水田、一九六〇→一九八二］。いずれも、主婦という立場のありよう、そして主婦による家事労働の価値づけのありように焦点をあて、前出のⅠ・Ⅱ双方にゆさぶりをかける意欲的な提起ではあったが、その後の論争では、そうしたもっとも本質的な問題に焦点が絞られることはなく、むしろ主婦の家事労働が《有償か無償か》という論点に比重が置かれていった。多く指摘されるように、この第二次論争は、家事労働をめぐるマルクス経済学的な理念的応酬に終始し、総じて現実的感覚が薄いことが特徴である。▽4

この論争では（Ⅰにも理解を示しつつ）Ⅳに近い問題意識をもつ論者がそれぞれ論を戦わせたが、結論としてはⅢの立場性に流れていく傾向が通底している。これは、現前の資本制の構造を問題にしつつ、そのうえで女性解放という命題に向きあいながらも、運動論としては主婦の家庭役割をいったん追認するかたちをとらざるをえない、という状況的制約があったことを示している。そのような第二次論争の性格を規定する要因は、ある程度外在的な検討（論陣をはった人脈の検討など）から明らかにしうると考えるが、ここではその作業は措く。

3——神田［一九七四→一九八二］、駒野［一九七六→一九八二］、ならびに上野［一九八二b］を参照。

4——序章で述べたように、家事労働の価値、またいわゆる「不払い労働」問題については、本書では措く。

第三次主婦論争の特徴

第三次主婦論争（一九七二年〜）には、大きな時代的・社会的要因が影を落としている。一つは、「高度成長期以後の、主婦労働者化の完成」［上野、一九八二a、二三九頁］で、もう一つはウーマンリブ運動の影響である。高度経済成長は、女性のライフコースを一変させた。特に重要なのは、①主婦の就労化＝「主婦労働者化」と、②「専業主婦化」との同時進行という、特殊な発展形態である。「専業主婦」層の数は、一九七〇年前後にピークを迎える［杉野・米村、二〇〇〇、一七八頁］。しかし一方で、女性は急激に賃労働者の役割を求められ、労働市場に大量に進出することとなった。「主婦層の労働市場への引き出し」［鹿野、二〇〇四、一三八頁］が、主にパート労働者群として現出したのである。矢澤澄子の整理を借りれば、こうして主婦労働者の多くは、「労働市場の根強い性別役割分業を、むしろ家庭による「主婦役割」との両立のうえでも受容し、そのことによって女性の固定的な性役割の拘束状況を社会的に強化し、その生活態度を通し日常的に引き受けることに」なった［矢澤、一九九三、三三頁］。

このような背景から現われたのが、第三次論争の嚆矢となる武田京子《たけだきょうこ》の論「主婦こそ解放された人間像」である。武田はまず、ウーマンリブ運動に強く触発されたことを明らかにしたうえで、「ほんとうの意味での人間解放」〔武田、一九七二a→一九八二、一三八頁〕は、たんに現状の社会に女性が「出て行く」ことにではなく、むしろそこに「出て行かない」いまの主婦の立場のほうに実現されているのではないか、という提起をする。積極的な〝後退〟の提案である。▽5 武田は、「主体は生産人間」である「男性とか共働き妻たち」とは逆の「職業を持たない専業主婦たちは、百パーセントの生活人間である」とし、「主婦のほうが人間らしく生きている」ことの積極的意味を強調した〔武田、同、一三九頁〕。

この、働いていないという状況を逆手にとる発想は、まさに清水と同じⅢの「運動主体論」にあたる。しかし一つ注意しなければならないのは、武田が採用した生産／生活の二分化──「共稼ぎ妻」／「専業主婦」の二分化に対応する──という論理立ては、先に確認したこの時代の状況を鑑みれば、皮肉なことに、現実のほうがこの前提を乗り越えて先に進んでいたということである。

たとえば、武田はこの論文で「労働」に関する斬新な提案をしている。長時間働く者た

5──正確には、武田のウーマンリブ理解には錯誤がある。武田はリブの方向性を「職場進出論」とほぼ同義に捉えているふしがあるが、武田の訴えた積極的な〝後退〟という理念は、武田の認識とは逆にリブ本来の理念でもあった。したがって武田の論は、本人の認識とは裏返しに、リブと共通する土壌をもっていた。

ちに人間的な生活をさせるため、主婦が労働に参加してもよい、というのである。それは「すべての働く人間を主婦の生活の線にまで引き上げるために、その生活に経済的裏づけを与えて確固たるものにするために、いくらかの自由を売り渡し、義務として働くのである」〔同、一四八頁〕。これは、従来の「職場進出論」を――働きに出ることの価値観を逆転させたという意味で――劇的に克服した発想として、一定評価できるものである。しかし問題は、「主婦が、家の外で、少しだけ、とくに生きがいを感じられない仕事をする」という行為は、現実には「パートタイム労働」というかたちで急激に実現されていた、ということである。それはもちろん、武田が意図したこととはまったく逆の意味において進んだ現象であった。

このように武田の論は、発想はたいへん刺激的であったものの、現状に即していないという課題を抱えるものであり、また、この時点で武田が提唱するような主婦の立場が成立しうる状況・条件が非常に限定されたものであったために、楽天的な空想論という非難を免れえなかった。

第三次主婦論争で引き出された論点

このような武田の主張をまず、林郁《はやしいく》が厳しく批判した〔林、一九七二→一九八二〕。林は、主婦が抱える苦しい「閉塞（鎖）状況」を指摘すると同時に、家庭から「出る」ことの困難さ——武田が想定するほど甘くはないということ——も指摘した。林が想定する主婦たちの像は、「食べるには何とか事欠かないが、ゆとりはない。働いた経験を持つ人が多く、外の仕事に希望を抱いているわけではないが、家事・育児にだけ励むのには適さない。かと言って、余暇を気ままに使って何かできる境遇でもない」〔林、同、一五四頁〕という、きわめて現実的なものであった。よって、林にとって武田の想定するような主婦像は到底認められるものではなく、「主婦をすでに解放された人間像と肯定するのは、せいぜい〝気休め論〟にしかすぎない」〔同、一五四－一五五頁〕と看破した。林は、武田の描く自己肯定型の主婦像に対し、自己否定型でなおかつ厳しい現状を自己克服していく主婦像をたてた。そのうえで林は、最終的には「真の主婦解放」〔同、一六二頁〕を見据えており、それゆえリブ的でラディカルな思考をもちあわせていた。林の思想は、「困難を突き進む」方向性はⅠ「職場進出論」とつながるが、現状を否定的に見る目はⅣの「構造的貧困論」にあたり、基本的な立場はⅣである。しかし具体的な問題解決法として、一般雇用者ではなくプロや職人になることや、新しい生協運動、コンミューン、ワークグループなどを挙げていることからも、方法論的にはⅢの「運動主体論」とも親和性をもっている。林の思想と立場性は、こうした多面的な要素を含む特殊なものである。

伊藤雅子《いとうまさこ》も、主婦の立場を積極的に肯定する見方に異を唱えた。伊藤は、「「働いていない」ことは、「働こうと思えばのぞむままに働けるのだが、たまたま働かないだけ」なのだろうか」と問いかけ、「主婦は、結果として働かないことを選ばされているのではないのか」〔伊藤、一九七二→一九八二、一六六頁〕と指摘する。この「働かないから〝自由〟か」という問いかけは、Ⅰ「職場進出論」・Ⅱ「主婦天職論」・Ⅲ「運動主体論」のそれぞれが（結論は違えど）暗黙のうちに前提としていた認識自体を問い直す意味をもった。この立場性はⅣ「構造的貧困論」にあたる。伊藤は、働いていない妻も「体制」や「資本」の力から無縁ではいられないことを指摘することで、Ⅱを批判する。さらに、「労働者の妻」である主婦が「自由」に市民運動をすることの現実的な困難さを指摘し、Ⅲにも懐疑的な見解を示した〔伊藤、同、一六七－一六八頁〕。また伊藤は、主婦はできるなら働いたほうがよいという立場ではあるが、この時期現実に進行していた「中断・再出発型」の就労傾向について、それが「女の生き方として望ましいことのようにされていること」〔同、一七六頁〕を理由に、批判的な立場を表明していたことは注目すべきである。このように伊藤は、Ⅳの立場の問題意識の枠を広げる適切な指摘をいくつも行なった。

それ以降の注目すべき論点としては、武田が村上益子《むらかみますこ》の批判に応答して述べた、「主婦がもし解放像をめざすなら、自らの抑圧状況を「抜け出す」ことではなくて、抑圧するものを取り除くことが必要なのである」〔武田、一九七二b→一九八二、二〇六頁〕という意見が挙げられる。ここで武田は、主婦たちが参加しうる生産労働の最大の受け皿であるパート労働に関して、「パート労働といった形での産業界の要請をことわ」り、「正規の労働者との共闘でパート労働者を正規労働に組み込む運動をやる」ことを提案し、最終的には「完全雇傭と労働時間短縮」〔武田、同、二一〇頁〕を実現することを訴えている。こうした点から、本来はⅢにあたる武田の論調が、この時点でⅣの論調に重ね合わされたことが確認できる。

こうして、第三次主婦論争においては、当初Ⅲ（武田）vs. Ⅳという対立図式にあったものが、最終的には武田がⅣに流入するかたちとなり、終結をみる。そしてこれが一般に「主婦論争」と呼ばれるものの「論争」部分の一応の帰着とみなされる。

「主婦論争」の問題点

従来指摘されてきたこと――「性別役割分業」批判の不在

ここからは「主婦論争」の問題点を整理する。まず従来指摘されてきたことを確認する。

もっとも多く、そして強く指摘されるのは、主婦論争が「性別役割分業を否定していない」という点である。駒野陽子は、「主婦論争の弱点は、家事労働＝主婦労働という性別役割分業の視点から脱けられないことにあった」［駒野、一九七六→一九八二、二四一－二四二頁］と捉えている。

もう一つは、池田祥子が「「主婦論争」の決定的な盲点」として指摘する、「「主婦」そのものを問う視点が完全に欠落していたという点」である。池田は、「「主婦」とは［…］〈男は外、女は内〉の性別役割分業が構造的に顕わになり、その結果創出された〈内〉を司どる女＝家事・育児を担う女、を意味する。したがって、「主婦」という規定性それ自身、［…］性別役割分業イデオロギーに支えられ絶えずそれを補強し続けるものに外ならない」［池田、一九八七→一九九〇、一九三頁］と規定する。そして「主婦論争」全体を振り返ったうえで、「必要とされていたことは〝「主婦」解体〟、つまり「主婦」それ自身の相対化、対象化であったろう」［池田、一九九一、二三頁、傍点は原文］と述べている。

同様に国広陽子も、「主婦論争」が「家事・育児などの再生産労働が女性役割であることを自明視」しており、「女性に「主婦でない存在」を勧めるものではなく」、「結局「主婦とはなにものか」という問いに答えを出していない」［国広、二〇〇一、一五頁］ことを指摘する。

妙木忍は、「「主婦論争」において、性別役割分担そのものを問題化する論点が排除される傾向にある」［妙木、二〇〇六、二〇頁］ことを指摘したうえで、第一次論争の梅棹忠夫による「主婦役割全面否定論」の存在意義を引き出した。

以上のような指摘は、たしかに「主婦論争」全体の性格を的確に問題化したものとして重要である。[6] が、こうした点をふまえたうえでもなお、「主婦論争」が内在的に保持していた（自己）批判力を評価することは可能である。以下、それを提示する作業を行なう。

不可視化された対象の存在

ここで、従来の研究ではあまり着目されていない点を指摘したい。まず、初発の時点における論争の構図を確認してみよう。「主婦論争」の基本的整理モデルは、Ⅰ「職場進出論」vs. Ⅱ「主婦天職論」という対立軸が存在し、Ⅲ「運動主体論」がその軸から離れて関係をとるポジションにある、いわばT字型構造になる（次頁の図1を参照）。

たしかに、「主婦はいかにあるべきか／行動するべきか」という主旨だけを見ると、こ

6——とはいえ、林や伊藤の見解には、そのように指摘される問題をあらかじめふまえた鋭利な論旨があったことも事実である。また先に見たように、嶋津は一九五五年の段階ですでに「家事労働が女性だけの仕事である」こと、「現在の主婦の位置を前提にして、その上で生活態度だけを問題に」することを明確に問題だと主張している点も忘れてはならない。

うした理解になる。だが、あるファクターをベースに敷いて捉え直してみると、これらが実は共通の土壌に置かれていることがわかる。

それではⅠ vs. Ⅱの「対立軸」から考えよう。次の嶋津の指摘に注目したい。

「主婦という第二職業論」では、〔…〕女は職業観が確立されていない、というふうにうけとれる。しかし、多かれ少なかれ、満たされない家庭の経済をになって、女性は、働きに出ることを決意したのではなかったろうか。〔…〕いったい「第二職業論」では、主婦はまた女は、非常に無気力な、怠慢な、おろかな存在のようである。かりにそうだとしても、では、何が女をおろかにし、誰が無気力にしているのか。女にだけ責任があるときめつけることが、果して正しいだろうか。

論争の関係図 その1

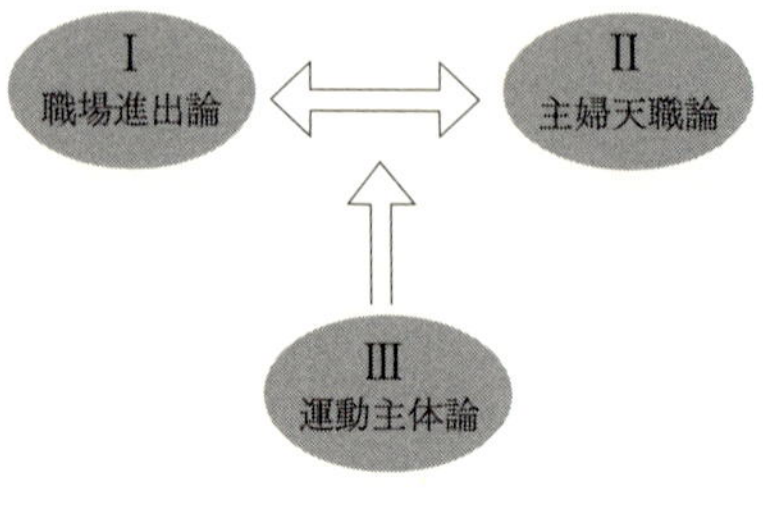

また「主婦第二職業論の盲点」では、生活に余裕のあるほんの少数の女性だけが、対象に考えられているようにも思える。もしそうだとすると、誰でも一様に外に出て働けといわなくてもよい、という「主婦という第二職業論」への反駁が出てくるのは当然であろう。〔嶋津、一九五五→一九八二、三八－三九頁〕

嶋津が指摘しているのは、I・IIの論者はともに「経済的な理由から働かざるをえない」女性（主婦）たちを軽視しており（もしくは視野に入っておらず）、あたかもすべてが女性の態度／選好によって決定されたポジショニング（外で働く／家庭に入る）であるかのようにみなしていることである。また、坂西の「現在、アメリカの女性たちはまた家庭にもどりはじめている」という主張に対しては、田中が「これはあくまで、中流階級以上の女性のことだ、〔…〕アメリカにも、こうした事情とは別に、文句なしに働かねばならない女性がたくさんいる」〔田中、一九五五→一九八二、九二－九三頁〕と応答していた。

つまり、I「職場進出論」・II「主婦天職論」の両者の論からは、本質的に、「働かねばならない（働かざるをえない）」層の存在が抜け落ちているのである。石垣は、そうした層を「意識して」はいた。しかし、全体的な論の流れとしては、そうでない層の主婦に「だからあなたたちも働きなさい」と促すための理由づけという意味あいでの扱いであった。坂西においては、「やっぱり人それぞれいろいろな事情もありますし」〔坂西、一九五五→一九八二、二二頁〕という一節にしか、「働かねばならない」層を意識している箇所は見あたらない。両者は、呼びかけの対象としているのが、当時まだ少数であった経済的に余裕のある階層の女性（主婦）であるという点で一致している。Ⅲ「運動主体論」の清水が想定する主婦たちにおいても、一日じゅう家庭／地域にいて運動に携われる一定の余裕があることが必要条件となるので、大きな意味では同じである。

以上をふまえれば、それらの論が本質的にもつ限界性・限定性が浮き彫りになってくる。池田は、石垣のような「女の経済的自立」論の性格を以下のように指摘する。「「女の経済的自立」論として展開される〝女も働くべき〟という主張は、貧しさゆえにともかくにも〝働かねばならなかった〟女たちの、底辺の、非知性的な単純かつ低賃金労働などをも視野におさめるものではなかった。むしろ、それらの即自的な〝働きぶり〟はもともと論外だったのではないだろうか。「生活のために働かねばならない」のではなく、どこまでも「人間として働くべき」という主張だったのである」〔池田、一九九一、一五頁、傍点は原文〕。

この論点を強調している研究は、上記の池田と、竹中恵美子《たけなかえみこ》〔一九七二・一九七四〕のほかに見うけられない。しかし実は、この論点は、論争当初に田中が以下のように指摘していた。「日本は貧しい。働かねば生活をささえられない婦人は日増しにふえている。日本の中流階級の婦人の働きたい意欲は、アメリカの中流階級の婦人の自己発現の欲求とはちがって、多分に経済的必要がふくまれている」〔田中、一九五五→一九八二、九五頁〕。田中のこの一節では、「働かねば生活をささえられない婦人」と「中流階級の婦人」とがイコールでつながれているふしがあり、その点は問題があるといえるが、「経済的必要」を前面に出した意味は大きい。

第三次論争でいえば、特に林の主張は、基調として「働かねばならない」層(ならびに、それより若干余裕のある層)をイメージした構成になっており、総合してⅣの論者がこれを訴えていることがわかる。Ⅳは「働かねばならない」主婦層を対象にしていることが確認できるだろう。それゆえ私はⅣの論を、「構造的貧困論」と名づけて区別した(38頁)。

以上の問題点の確認から、「主婦論争」を新たな図式《モデル》で検討し直す作業に入る。

「主婦論争」の新たな理解モデル

再構築した基本の枠組み

まず検証し直さねばならないことは、「働く(働いている)」という言葉の指す内容・実態についてである。「働く女性」と一口にいっても、Ⅰが志向するような「(経済的に自立した)職業婦人」と、Ⅳが重視するような「(家計のために)働かざるをえない主婦」――主にパート主婦にあたる――とでは、大きな差があるだろう。その差とは、所得や身分の差であり、階層差でもある。この縦軸の差(格差)を基点にモデルを組み直す必要がある。

論争やその後の分析においては、「働く」vs.「働かない」=Ⅰvs.Ⅱという横軸(水平軸)の対立構図が前面に出るかたちで問題が組み立てられてきた。しかし、それぞれの対象となる層の階層性を基軸にして考えてみれば、従来対立項とされていたⅠとⅡが、本質的には対立要素よりも条件的親和性を強くもち、〈Ⅰ・Ⅱ〉と〈Ⅳ〉の間に、より大きな断絶軸が別に存在することが明らかになる。

Ⅳの主張は、いうまでもなく、もっとも「解放」されるべき女性の層を対象としており、そのための言説が蓄積されるべき領域であったが、そうはならなかった。Ⅰの立場からの啓発・叱咤・働きかけは、Ⅱ・Ⅲの層へと発せられるが、Ⅳに向けて考慮・対応が図られることはなく、またⅡ・Ⅲが「働く」主婦を想定する場合、想定されるのはほとんどがⅠである。

Ⅲの層は潜在的にもっとも強く流動性をもつ。先に確認したような、七〇年代に大量にパート労働市場に進出した主婦たちの多くは、――武田の変節に象徴されるように――

Ⅲの位置からであった。これはⅣへの「流入」ともいえるし、ⅢとⅣの間の境界閾が膨張・流動化した状態ともいえる。よってⅢとⅣの間には、ⅢからⅣへと働きかけるかたちで、交流・協同する可能性はあった。特にⅢの論調には、女性間の「連帯」の意識が強かったのである。しかし実際は、Ⅲの武田をⅣの林が激しく批判したように、目標や思想背景が近似していても立場性をめぐる大きな葛藤があった。

　こうしてⅣの領域を改めて設定し、他との関係性を比較することで、さまざまな「境界線」とそれが隔てていた現実の構図が浮かび上がってくる。「働く」か「働かない」かを〝選べる〟階層と、〝選べない〟＝「働かざるをえない」階層との間には、明白な断絶がある。論争は前者の「選択」とその後の「意識」についてもっぱら問題にしたが、後者のおかれた「現実」に関する積極的な提言は、ほとんど

論争の関係図 その2

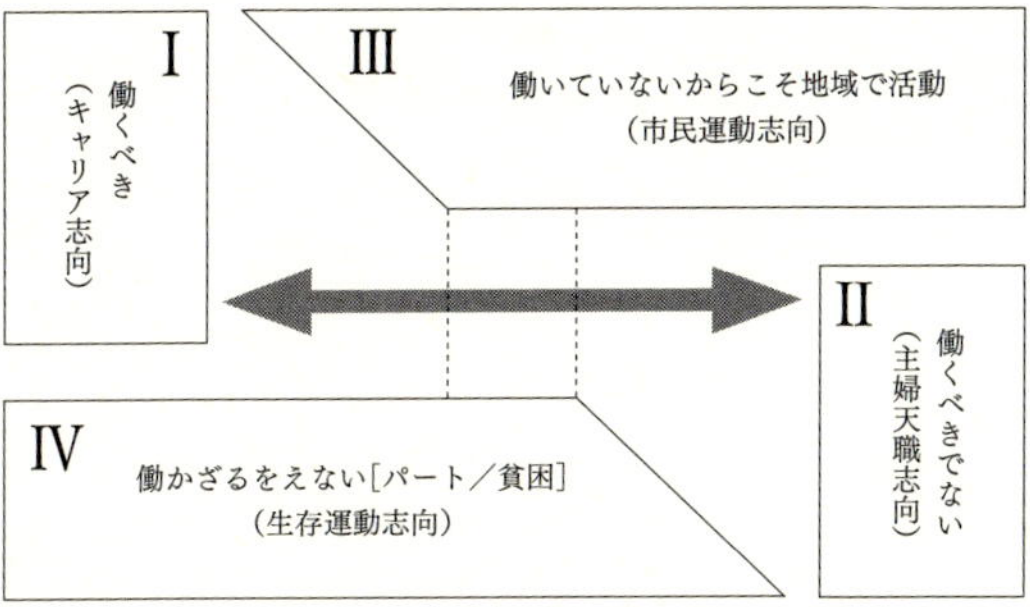

なされなかった。これが——メディア的制約などの問題を考慮に入れたうえでも、なお——「主婦論争」最大の課題といえるだろう。

以上の分析をふまえて、この枠組みを軸に視点を拡張させて問題を把握することから、「主婦論争」の本質性を再規定する。そしてそこから、展望を組み立てる作業に入る。

枠組みから視点を拡張させて見えてくる問題

Ⅰ「職場進出論」とⅡ「主婦天職論」の対立構図は、メディア的影響力も介して、一般にもっとも注目を集めた。しかし一方で、現実には無視できない「働かざるをえない」層の実像が論争の前面に出ることはなかった。この事実が意味することは何か。それは、高度経済成長とその後の低成長期にあっては、選別された女子労働力の確保と、中流専業主婦層の拡充という二つの流れの同時進行が、国家政策的なビジョンであり企業社会の要請でもあったということだ。それが、「主婦論争」という言論状況にも反映されていたのである。

前二者に対するオルタナティブを模索したⅢ「運動主体論」も、その多くが結果的には同様に「働かざるをえない」層を捉えそこなったうえでの「市民運動」に帰結し、論争全体の構図に影響を及ぼすことはなかった。

「職場進出論」は、労働力政策の論理に照らしあわせれば、女性の「エンパワーメント」

にあたる機能をもった。これは、労働市場に「一部の優秀な」女性の人材を送り込むことに役立ったし、それが実現することにこの論者たちは「女性解放」の進展を見た。実際、その意味においては、この論調の趣旨は成功したといえる。それが目に見える現実として現れたのが、一九七八年以降の「男女雇用平等法」立法化の動き、ならびにその達成型となる「男女雇用機会均等法」（正式名称「雇用の分野における男女の均等な機会及び待遇の確保等女子労働者の福祉の増進に関する法律」、一九八五年制定、一九八六年施行）の成立である［村上、二〇一二b］。

同時に、「主婦天職論」に合致する「専業主婦志向」も、現実的に非常に広範な圏域を保持し、「専業主婦」の実数と比率は、七〇年代半ばまでは増加の一途をたどった。[7] この状況に対してとられた施策が、「第三号被保険者」制度（一九八六年導入）や「配偶者特別控除」（一九八七年導入）の設定である。

このⅠとⅡの双方は、ともに対象となる階層は同じ、中流以上の層であるから、[8] その中

7――実数については杉野・米村［二〇〇〇、一七八頁］、比率については佐藤［一九八五、二三頁］を参照。

8――「専業主婦定着型とフルタイム就業継続型という二つのカテゴリーは、本人の学歴や夫の社会的地位などに関しては他の女性たちよりも近い立場にある」［杉野・米村、二〇〇〇、一八九－一九〇頁］ことが指摘される。

身が順調に膨らんでいくことは、「国が豊かになった」、「女性の自己実現が可能になった」、「主婦は幸せになった」といった「世間の共通感覚」を創出し誘引することにもつながる。

しかし、上記のように歓迎された「働く女性」（Ｉの層）は、絶対的に少数であった。他の「働く女性」は、Ⅳの対象層である。彼女たちの多くも、資本の側から必要人員として、別の意味で歓迎された。安価な「パートタイム労働者」として、である。彼女たちは、「エンパワーメント」諸政策の想定には入らないし、その恩恵にも浴さない。つねに条件の厳しい労働環境に置かれ続ける。さらに、だからといって、夫の収入だけで十分に暮らせる専業主婦になるということもできない。[▽9] こうした層の「声なき声」が、中流／新中間層の「一般の」人々にリアリティをもって届く（感受される）ことはほとんどなかった。「主婦論争」をめぐる構図は、このような社会の状況を見事に反映していたのである。

さらに近年では、主に少子化問題への取り組みとして、Ｉの層に対してⅡの層に劣らない優遇策を与える「ワーク・ライフ・バランス」政策が大々的に推奨されている現状がある。こうして、一定の階層以上の女性（主婦）のみに対して働く／働かない「自由」の拡大をもたらす条件付与だけは、着々と持続・進行しているのが実態である。

論争以後の、当事者による諸実践の意味

上記の流れに対抗的オルタナティブとして機能したのが、Ⅲ「運動主体論」の延長型である。市民運動、消費者運動、反公害運動、母親運動、共同保育、女性の地位／権利向上のためのさまざまな取り組み、といったかたちで目に見える実践を展開していった。そのなかで、Ⅲの趣旨に合致する八〇年代以降のキーワードとしては、「ワーカーズ・コレクティブ」が挙げられるだろう。これは労働の本質を、主に女性――なかでもとりわけ主婦――の立場から追求した試みであり、「脱企業社会」、「人間らしい働きかた」、「生産と生活の調和」といったテーマを掲げて、消費社会的経済を第一義としない《働く・生産》実践が各地で繰り広げられてきた。また、こうした実践には、エコ・フェミニズムのキーワードである「サブシステンス」概念が折り重なることから、現在では第三次主婦論争当

9――「中小企業のブルーカラー層は、主婦転換しにくい上に、主婦になってからの再就職率も高い」、つまり、「中小企業ブルーカラー層が主婦になる・主婦に留まることがなかなか困難である」［杉野・米村、同、一八九頁］ことが指摘される。

時に比べればきわめて豊穣な評価を与えることができる［古田、二〇〇八］。この流れは、いまだ制度上・経済（運営）上の困難があり、不確かな面もあるが、今後も状況に適応しつつ展開されていくことが想定される（この点は本書第6章であらためて考察する）。

次に、Ⅳ「構造的貧困論」の層における動きを見よう。いま「主婦論争」の分析にもっとも必要とされるのは、論争のフレームでは語られえなかった、同時代ならびにそれ以後のⅣに関する重要な言説や運動主体についての地道な検討である。それは、論争時には言葉（を発する機会）をもたなかった①Ⅳの主婦たちや、②Ⅳの余白にいた女性たちによる思想と運動の事例を発掘し、Ⅰ「職場進出論」に内在する労働観やⅢ「運動主体論」の主婦たちの運動などと比較検証する作業である。

注目すべき例を挙げると、①にあたる、（ウーマン）リブであり主婦であった東京・多摩の女性たちのネットワーク〈主婦戦線〉（一九七五年〜）の活動がある。彼女たちは、自らの重層的労働疎外状況を、「（雇用における）主婦的状況」というキーワードで問題化し、「主婦の／と労働」について根底的に探求し、かつラディカルな運動を展開した。「主婦戦線」は、Ⅰの啓蒙的「女性解放」論を、「女の女差別」、「女の分断／階層分化」に帰結するものとして徹底的に批判し、自らの「主婦性」・「主婦的状況」を見据え、そこを基盤として家族・労働・差別構造を捉えない限り真の解放はありえないと主張した（本書第4章で検討する）。

また、その活動組織として〈パート・未組織労働者連絡会〉(一九七九年〜)を結成し、パート主婦当事者の立場から、主婦がパートで働く際にぶつかる税制の問題や労働関連法制の是正措置を国に求める運動を展開するなど、重要な問題に精力的に取り組んだ(本書第5章で言及する)。

さらに、主婦ではないリブの女性たちも、一部ではあるが、同じくⅣの問題意識と立場性から行動を起こした。京都の〈労基法改悪反対実行委員会〉(一九七九年〜)は、〈主婦戦線〉と並んでもっとも大規模な「男女雇用平等法」反対キャンペーンを展開し、「平等」の名のもとに策動される能力主義的・エリート誘導的な女性の雇用条件の「男並み」引き上げ戦略と、それに乗じる女性たちの動きの問題性を激しく糾弾した〔村上、二〇〇九b・二〇一一b〕。

②の対象としては、たとえば、主婦に「なれなかった」女性たち——戦争の影響によって結婚することができず、独身で働かねばならなかった層のことで、天野正子の言葉を借りれば「社会的シングルズ」〔天野、二〇〇五、二〇一頁〕——の存在が挙げられる。彼女たちは当然、夫の稼ぎに頼って生きることができないのであるから、多くの者は必然的に「働かねばならない」環境にあった。よって、Ⅳの主婦の周縁、つまり余白にいた層といえる。そのような女性たちの声や「運動」[10]を、Ⅳを補強する要素として位置づけることができる。

このように、「主婦」の枠組みの内部と外部に存在し関係しあっていた多様な存在・行為主体とその実践とを総合的に組み込むことにより、「主婦論争」の／をめぐる視座は大きく拡張・深化し、敷衍された問題を見据えることが可能となる。この段階は到達点でもあり、つねに基点でもある。

まとめにかえて

以上、「主婦論争」から導き出される「主婦」が「働く」問題系を包括的に確認してきた。それをふまえて、最後にひとつドラスティックなかたちで論点を提案しておきたい。それは「女性の／と貧困」という視座の立ち上げ、ないし再確認である。

第一次論争時点のような「時代ゆえに貧しい」女性の問題ではなく、先に見たようなI・IIにあたる一定の階層以上の女性（主婦）を対象とした「重点化」政策によって、逆説的に前面に押し出されてきたそれ以外の女性／主婦たちの存在がある。この状況から逆算して、論争で裏側に押し込められつつ存在し続けたIVのポジションの主婦（予備軍）たち、ならびに（実践的／受動的）シングル女性たちを対象とした総括的理念をいま設定するならば、このキーワードに問題が結集されると考える。論争におけるIV「構造的貧困論」の蓄積をふまえ、かつ「主婦」に収斂しない問題設定を実現し、Ⅲの遺産を継承して「労働」のありかたを自律的に規定し直すこと。そのためにまずは、「女性」の働く／働けない状況における貧困の構造こそを問題にしていくことが求められている。[11] そのうえでⅢ・Ⅳの運動を同時に拡張していくことが、「主婦論争」を活かしつつ克服していく道であろう。

10——塩沢・島田［一九七五］、天野［二〇〇五］、古庄［二〇〇五］参照。

11——この意味で、二〇〇八年九月に発足した〈女性と貧困ネットワーク〉は注目に値する。村上［二〇〇一］、参照。

2 「主婦パート」は何か問題か

——初期パート労働評価について

次にこの章では、日本で主婦のパートタイム労働が問題になり始めた時期における、それに対する評価を分析していく。当時、「主婦パート」は、どう位置づけられていたのか、何が問題とされていたのか、どうなるはずで、どうなるべきだと考えられていたのか。まず、それらについて確認する。そのうえで、その評価の課題を考えてみたい。

パートタイム労働について初めて政府側からの提起がなされたのは、一九六三〔昭和三八〕年の経済審議会による答申「経済発展における人的能力開発の課題と対策」においてである。「婦人労働力の活用」という項目のなかで、「第一に婦人労働力に適した職業分野の拡大が主張され、第二に高度の専門教育を受けた婦人の活用の必要性が述べられ、そしてアメリカの婦人労働にならって、既婚者の再雇用、特にパートタイム制度が提起」〔横山、二〇〇二、八四頁〕[▽1]された。

一方、言論界からのパートタイム労働問題への応答としては、一九六五年の山川菊栄《やまかわきくえ》の論文〔山川、一九六五〕が一つの嚆矢ではないかとみられる。[▽2]

いずれにせよ、「パートタイム労働者化は、高度経済成長とともに一挙に顕在化した」〔鹿野、二〇〇四、一三八頁〕。藤井治枝《ふじいはるえ》は、「パート・タイマーと呼ばれる労働者」の登場を、

1――嶋津〔一九七二→一九七八、三八頁〕、鹿野〔二〇〇四、一三八頁〕も参照。

2――『婦人と年少者』季刊第九号（一九六九年七月）所載「日本におけるパートタイム雇用の特徴について」（小林巧）によると、日本のパートタイム雇用は「戦後まもない一九五〇年、電電公社がかつて電話局で働いたことのある既婚女子一四一名を採用したことに端を発し」、一九五四年秋には東京大丸デパートが二五〇名のパートタイマーを募集し、「ついで銀座松屋が土曜、日曜、祭日だけ勤務するパートタイマーの募集を始めた」とされている〔嶋津、一九七〇→一九七八、六三頁〕。嶋津千利世によれば、「一九六五年までに、パートタイマーという言葉は日常的となっていた」〔嶋津、同、六四頁〕。

「昭和三八、九〔一九六三、六四〕年頃」とする〔藤井、一九六八、三〇頁〕。神田道子《かんだみちこ》は、「女子のパートタイマーが、〔…〕昭和三九年以降、急速に労働市場に進出してきている」〔神田、一九六六、九〇頁〕と述べている。したがって、答申が出た翌年（一九六四年）・翌々年（一九六五年）には、女性労働問題研究者の注目を大きく集める状況が生まれていたことがわかる。

では、まず次節の「**高度成長期における「主婦」の「パートタイム労働」**」で全体的な状況を概観したうえで、「**パート労働への評価**」の節（69頁〜）で五人の女性労働問題研究者の見解を整理し、当時のこの問題への「評価」がどのような特色をもっていたのかを明らかにしていきたい。

高度成長期における
「主婦」の「パートタイム労働」

いうまでもなく高度経済成長によって女性雇用者の実数と比率は急激に高まったが、[3] そのなかでパートタイム労働者の実数と比率もまた、著しく増加した。女性雇用者増加のうち女性パートタイム労働者の比率は、一九六〇年代一七・〇%↓一九七〇年代四九・四%

となっている〔鹿野、二〇〇四、一三八頁〕。

そこで発現したのは、女性のライフサイクルにおける、いわゆる「M字型就労」の問題であった。学校卒業⇩就職⇩結婚⇩出産＝退職⇩育児家事専念⇩再び働きに出る、という形態である。前出の経済審議会答申では、この形態での再就労を、「ライフサイクルから見て「特性」のある婦人労働力の有効な活用形態」、すなわち「男性と伍して働くのではなく、ほどほどに便利で雇用調整可能な労働力としてパートタイムで働く」〔横山、二〇〇二、八四頁〕ものと位置づけ、これを推進した。

改めて述べるまでもないが、企業が女性を「職業婦人＝婦人労働者」として雇わずに――若年層を「女子」労働者として低い条件でまとめて雇い入れるのと並行して――「主婦パートタイマー」として雇うのは、それが正規の労働者として扱う必要がないからである。つまり、支払いを安く抑えることができるからである。

高度経済成長のさなか、一九六四〜六五年の証券不況を境に、経済は縮小に転じる。労

3――横山文野の整理を借りれば、「雇用されて働く女性労働者の数は、一九五五年から一九七〇年の間に五三一万人から一〇九六万人へと倍増し、雇用者全体に占める女性雇用労働者の比率も二七・九%から三三・二%へと高まった」〔横山、二〇〇二、八三頁〕。

働力需要はあるが相当する賃金を支払う能力のない企業は、こぞって安価な労働力を導入していった。労働力を供給する主婦の側も、「家庭責任」が生活の前提として（強く）ある以上、正規の労働者として働くことを望める条件はなかった。

鹿野政直は以下のように指摘している。

> おびただしい数の女性を労働市場へと吸収していった（あるいは、女性に〝働き〟に出ようと発意させた）パートタイム労働というシステムは、基本的な性格からいえば、しばしば指摘されてきたように、妻たちを、企業戦士に対応する「主婦」役割にとどめたまま、その役割と軋轢を起こさないかぎりでの廉価な労働力としようとする経営戦略に由来した。〔鹿野、二〇〇四、一四〇頁〕

きわめて単純にいえば、このようにしてこの時期（一九六〇年代後半）に《主婦のパートタイム労働＝既婚女性の賃労働者化》が一般化していく。

以上の前提をふまえたうえで、一九六〇年代後半〜七〇年代初頭当時、実際に「主婦パートタイマー」に関してどのようなことが問題とされていたのかを、次節で確認していきたい。

その前に、一九六三年の「答申」以降の政策の要点を、嶋津千利世《しまづちとせ》〔一九七二→一九七八〕の整理にしたがって簡単に見ておこう。

▽**一九六八年七月**　東京商工会議所『明年度の労働政策に関する要望』「主婦パートタイマーに適用する労働基準の解釈の明確化」を打ち出したもの。同会議所はこの後、一九六九年七月に「労働基準の全面的洗い直し作業を早急に開始されたい」との「要望」を出し、「女子の各種就業制限の緩和等につき考慮されたい」という具体的提案を行なう。その後、一九七〇年一〇月に『労働基準法に関する意見』を発表して労働基準法改正を提案した。そのなかで、母性保護規定を「過保護」であるとして、女子の時間外労働の制限緩和や、女子の危険有害業務の就業制限の緩和を提案した〔嶋津、同、四〇－四一頁〕。

▽**一九六九年一二月**　経済審議会労働力研究委員会『労働力需要の展望と政策の方向』（報告書）「家庭責任」をはたしつつパートタイムで労働力の需要に応ずる、中高年齢層主婦に対する低賃金労働力政策。

▽**一九七〇年五月**　経済企画庁『新経済社会発展計画』

「労働力の有効活用」として、「主婦としての責務や労働能力」など、この層の「特質」が強調された施策が考慮されている。

▽**一九七〇年八月**　自民党労働問題調査会『七〇年代の労働政策』――「勤労婦人福祉対策五ヵ年計画」「勤労婦人福祉法」

婦人労働力政策の有効実現の手段が検討されている。

▽**一九七二年二月**　婦人少年問題審議会⇩労働大臣宛『勤労婦人の福祉に関する立法の基本構想について（答申）』

「勤労婦人が職業生活と育児等の家庭責任とを調和させようとすることから生ずる特殊な問題の解決を図ることを容易にするとともに、勤労婦人の能力を有効に発揮して充実した職業生活を営むことができるようにするために、国、地方公共団体及び事業主が協力して適切な措置を講ずる」という趣旨の内容。その「基本的理念」は、①「次の世代を生育するという重要な役割を有しつつ」、②「社会・経済の進展をささえる者であることにかんがみ」「職業生活と育児等の家庭責任を調和し」「能力を有効に発揮」できるようにする施策をなすことだった。育児を中心に家庭責任を強く意識づけた法案であるとともに、従来、労働運動が勝ちとってきた権利を大きく退けて、国、地方公共団体および事業主が一方的・恩恵的に条件を付与しようという法案であり、中高年婦人のパートタイマー対策でもある。したがって、勤労婦人のための育児施策については、「事業主は、育児のための休業及び授乳のための設備等乳幼児の保育のための便宜を供与する」など、設備にかぎられた内容になっている［同、四一－四二頁］。

こうして見ると、ものの四年半の間に、着々と、中高年主婦のパート就労を促進させる準備が国家政策として進められてきたことがわかる。では、女性労働のありかたを（政策を批判的に見る立場から）論じていた研究者たちは、こうした流れにいかなる反応を示したのだろうか。

パート労働への評価

以下、神田道子《かんだみちこ》・嶋津千利世《しまづちとせ》・藤井治枝《ふじいはるえ》・広田寿子《ひろたひさこ》・竹中恵美子《たけなかえみこ》という五人の女性労働問題研究者による、一九六六〜七二年の文献から、それぞれの「主婦パート」、「パート労働」に対する認識と評価を抽出してみる。この五人を選択したのは、すでに当該時期において、またその後も通じて、「婦人問題研究者」としての確立した立場から一貫して論説を発信し続けていることによる。▽4

神田道子の主張

神田《かんだ》道子《みちこ》はまず、当時の現状の課題として以下の点を指摘する。

育児と職業両立のために、多様な方法を認め、それらを女子労働にプラスになるように発展させていくことが現状での課題である。パートタイムはその一方法として、パートタイム＝臨時労働者、という現状における問題を排除していく積極的努力が必要である。

［神田、一九六六、九三頁］

パートタイマーとして就労をすすめるにしても、主婦の労働力は臨時だからとして、常用パートタイマーとしての身分の保障、さらに労働条件の改善、社会的条件の整備とあわせおこなわなかったならば、恒常的労働者として働くはずもない。

〔神田、同、九四頁〕

神田の理想は、女性が、「主婦」となったあとでも「恒常的労働者」として働ける条件整備がなされることである。そのため、パートタイム労働は働きかたとして認めたうえで、パートタイマーという立場から「臨時」雇用の要素を抜き、「常用」パートタイマーという地位を確立することを求める。

これには、「退職前と同職種の職業を希望する主婦層の再就職希望者が増加しているにもかかわらず、結婚・出産による退職者はむしろ増加の傾向をとり、実際には再就職者のほとんどは中高年齢層の単純労働者として就労してきている現状」の認識、ならびに「大多数の女子は短期就労をくり返し、中高年齢層の増加は、さらに女子労働者の地位を引き下げる要因」〔同、九三頁〕になることへの危惧が、大きな土台としてあるだろう。つまり、神田はまず、「結婚・出産による退職」自体を問題とし、《働き続けられない》ことを一つの問題点としている。そして、それゆえにキャリアを積み上げることができず、その結果

4――その基準により、影山裕子〔一九六六〕と林潔〔一九六六〕は、ここでの検討対象から外した。

が「短期就労」を繰り返す中高年「単純労働者」の増加であると認識している。

続けて、神田の提起のエッセンスを見てみよう。

> だからパートタイム制の問題も、臨時労働力としての婦人労働力という考え方をつきくずす方向で考えられなければならない。それには中断型でない、職業継続を可能にする方法としてのパートタイム制をとり入れることが望まれる。臨時としてのパートタイム制でなく、フルタイマーとまったく同じ身分賃金比率で、希望によってパートタイム制にかわりうる就労形態である。すなわち、女子の就労にパートタイム制とフルタイム制の二本立てを認めることである。〔…〕
>
> このような長期勤続方法としてのパートタイム制の導入、さらに託児施設の増設、育児休業制度など、多様な方法の導入によって、恒常的労働者として働く女性が増加するだろう。〔同、九四頁〕

「長期勤続方法としてのパートタイム制の導入」という発想は、神田の提起の特徴として注目すべき点である。[▽5]「フルタイマーとまったく同じ身分賃金比率で」という規定には、同一労働同一賃金原則（均衡処遇）への意識が見られる。いずれにせよ、神田にとっては、あくまで「恒常的労働者として働く女性が増加する」ための手段として、「パートタイム制」がある。《働き続ける》ことがメインの目標としてあるのだ。

パートタイム制は、育児休職制度との併用によって、家事・育児と職業の両立をより容易にするだろう。だが、この制度は一般労働者の労働時間の大幅な短縮によって、存在意義のなくなる性質のものである。

女子労働問題は最終的には、男子も含めた労働条件の改善と社会保障制度の充実によって、根本的解決が可能なものであり、パートタイム制はその一過程だ、という認識のもとに、この制度はつねに検討を重ねられなければならないものである。

〔同、九四頁〕

これが、神田による、「女子労働問題」全体の視野からのパート労働の位置づけである。労働と社会保障のありかたの変革期における、いわゆる〝過渡期の〟段階的問題として整

5——藤井［一九六六］が整理しているが、林潔［一九六六］も同じ主張をしている。

理していることがわかる。

神田は、現状のパート労働のありかたには強い懸念を示しつつも、「パートタイム制」それ自体は、女子労働全体の発展に向けて便宜的に活用できる可能性をもつものとして、肯定的に捉えている。

嶋津千利世の主張

嶋津千利世《しまづちとせ》は、独占資本の「合理化」政策における婦人労働者の位置の規定のなかで、パートタイマーについて問題にしている。まず、いくつかの言及を確認する。

婦人労働者は、超過搾取の源泉として、低賃金のもとにおかれ労働を強化されているばかりでなく、米日独占資本による労働者と勤労者にたいする抑圧政策と低賃金政策の結果、過剰人口がたえず創出され、より多くの無権利で安価な搾取材料、すなわちパートタイマーや内職者がつくりだされているのである。

〔嶋津、一九六六→一九七八、一一四―一一五頁〕

婦人労働者にたいしては、差別と労働強化を主とする搾取体系を「合理化」の過程で完備し、同時に、低賃金無権利労働者を経済法則としてつくりだす政策が、米日独占資本の「合理化」政策の根幹となっていった。

〔嶋津、同、一九頁〕

内職とパートタイムは、一方では、資本のための搾取領域の、無権利で低廉な搾取材料の無尽蔵の拡大であるが、他方では、それは政策的につくりだされるものであり、若年定年制や結婚退社制によって補強され、また、婦人が育児の「義務」を家庭にしりぞいて果たしたあとで、ふたたび搾取される制度として考えられている。

〔同、二六頁〕

米日独占資本の婦人労働にたいする搾取の図式は、旧来の家族生活を仲介として女子労働力のいれかえをたえずおこない、一度家庭においかえした婦人をふたたび生産労働にひきだし、賃金水準と労働条件の錘りとしながら搾取の対象にしようとするのである。この図式は、日本の産業構造を前提としてえがかれた労働者階級にたいする搾取の構図である。しかも婦人労働者をパートタイマー化し内職者化することによって、生産労働にしめる婦人の役割を軽んじ、闘争力を弱めようとするものである。

〔同、二八頁〕

このように嶋津は、「米日独占資本」による「合理化」政策の根幹として、婦人(主婦)の内職とパートタイム労働があると規定する。そして、その「婦人労働の搾取」には、家庭責任が大きく起因していると指摘する。さらに、そうした婦人労働者に対する差別化、差別的処遇によって、働く婦人の「闘争力」が弱められることを危惧している。

そのうえで、嶋津が特に問題にするのは次の二点である。

①「労働者」のなかにおける「婦人労働者」の位置。

②婦人労働者の、婦人労働者のための、「闘争」のありかた。

この二つ論点に関する嶋津の言及を確認しよう。

婦人労働者のパートタイマー化は、彼女らを臨時雇よりもさらに不安定なものにするだけでなく、実質は本雇と同様かそれ以上の長時間労働が強いられる。〔…〕婦人のパートタイマー化は、事実上、労働者にたいしていっさいの責任をおわず、いつでも自由に馘首できる労働者を大量につくりだすばかりか、その労働者を内職の領域においこもうとするものである。じっさい、工場労働者のパートタイマー化とならんで内職仕事もますます増加している。〔同、二七-二八頁〕

こうした、婦人労働者のパートタイマー化と内職への追い込み、さらに、そこでの労働強化や労働条件の悪化という状況に対し、労働者側がとるべき対応について、嶋津は以下のように述べている。

> 現今、婦人労働者の低賃金や内職の悪条件が一般的賃金水準に影響し、夫の賃金をひき下げる結果になっているとしても、婦人労働者や内職者が、安価な労働力としてたえず増加している事実は、労働力の安売りをすべきでないという理由で、社会的生産から婦人をひきあげさせようとする努力がいかに無意味であるかをしめしている。むしろ、社会的生産における婦人の役割の増大という事実にたって、低賃金と差別と劣悪な労働条件にたいする闘争を組織し、内職者の孤立性、分散性を排除してみずからたたかえる態勢をつくりあげるべきであろう。〔同、二八頁〕

「労働力の安売りをすべきでないという理由で、社会的生産から婦人をひきあげさせようとする努力」とは、第1章で定義したII「主婦天職論」の立場にあたる（III「運動主体論」にもこうした要素はある）。IV「構造的貧困論」に立つ嶋津は、そうした発想を「無意味」

であると否定している。そのうえで、婦人労働者が「みずからたたかえる態勢をつくりあげる」必要性を強調する。

具体的には、「労働組合がこのような婦人労働者の条件に考慮をはらわないかぎり、資本は、労働と家事の重みに圧倒された婦人労働者を、無遠慮に、しかも容易に職場からしめだすことになろう」〔同、二四－二五頁〕というように、労働組合による対応を望んでいる。「婦人労働者のパートタイマー化」については非常に深刻な状況認識を貫きつつも、嶋津は、《パートタイマー化する婦人／現にパート労働者である婦人》の存在自体については、否定していない。そのうえで、彼女たちを支える周囲の(労働者組織の)側が大きな責任を負うべきであると主張している。

さらに嶋津は、一九七〇年の論文〔嶋津、一九七〇→一九七八〕において、四〇～五四歳の女子労働力率が一九六六年頃から上昇しており、「中高年齢婦人の労働力化」が進んでいることを確認したうえで、以下のように述べている。

「家庭婦人」の労働力の定在化と拡大傾向は、成年男子労働者の価値分割を推進するものであり、賃金水準を悪化させる現代的貧困の指標なのである。

「家庭婦人」の労働力は、一方では、婦人の人間的水準の向上と社会的地位の向上をもたらすが、その反面では、現代的貧困の指標でもあるし、また、資本の超過利潤の源泉ともなっているのである。〔嶋津、同、六三頁〕

数年来、日本における資本蓄積は急激におこなわれた。その結果、生活欲求の増進にともなう青少年の上級学校への進学率の上昇とあいまって、いわゆる「労働力不足」の現象がおこり、パートタイマーにたいする需要が急増した。そして、はやくも「主婦」労働力は限界に近づいたことを示すきざしがみえはじめた。〔同、六六頁〕

パートタイマーは、いま、その限界に近づきつつある状態を反映して、一面では社員待遇になる傾向を示しながら、他の面では、新卒以外の婦人労働者のすべてをパートタイマー化しようとする、きわめて悪質な資本家的衝動を示している。〔同、六八頁〕

今後、このような恒常的な「戦力」としてのパートタイマーの労働条件を監視し、五年、一〇年という勤続のパートタイマーは、個人加入の組合に組織し、労働時間短縮の要求と結合して、基本的には正規の社員にしていく方向を明示することが必

要であろう。〔同、六九頁〕

嶋津は、「家庭婦人」の労働力のありかたが、「現代的貧困の指標」であると言い切っている。つまり、主婦パートタイマーの存在というのは、貧困問題だと捉えているのである。「主婦」労働力の需要が限界に近づいていることを指摘し、主婦以外の婦人労働者の大部分もパートタイマー化されようとしている状況を警告している。[6] そして、それに対抗する道筋として、「個人加入の組合」のもとでパートタイマーが「正規」化を勝ちとっていく運動のありかたを展望している。[7]

改めて整理すれば、嶋津の見解も、一種の〝過渡期論〟ではある。「一九七〇年代の婦人労働は、米日独占資本の積極的労働力政策によって、いっそうの低賃金で「活用」され、搾取が強化されようとしているが、より本質的な側面は、婦人労働者が、資本によって鍛えられ、訓練され、男子との「平等」の労働と労働意欲を要求され、広範な婦人労働者のあいだに、母性保護その他の諸権利の意義の自覚や、民主主義的志向の強化があらわれる現実的条件が整えられることである」〔同、七五頁〕という発展的展望を述べているので、現状を一つの不可避の通過点と位置づけており、したがって前に触れたとおり、《パートタイマー化する婦人／現にパート労働者である婦人》の存在を、社会的に否定はしていない。

そして資本の戦略に対抗する具体的な手段を、（婦人労働者が「みずからたたかえる」）組合による組織化（の強化）に求めている。

藤井治枝の主張

ⓐ「主婦労働とパートタイム」（一九六六年）

藤《ふじ》井《い》治《はる》枝《え》は、一九六六年、神田・嶋津それぞれの提起を受けたうえで、「主婦労働とパートタイム――パートタイマー実態調査を素材として」［藤井、一九六六］をまとめた。

そこではまず、「主婦労働力の進展」の実状を以下のように整理している。「量的な進出の反面、現状における主婦労働者は、大企業のフルタイム市場からは殆ど閉め出され、中小零細企業のフルタイムかパートタイム、大企業のパートタイム、内職といった効率の悪

6――単純につなげて考えることはできないことを承知のうえでだが、現在の女性の非正規就労状況とそれに至る過程と鑑みると、おそろしいほど的確な指摘である。

7――同時に要求すべきとしている「労働時間短縮」は正規労働者のそれであると考えられる。つまり嶋津は、（大組織ではない）自律的な組合活動のもと、正規労働者とパートタイマーが共闘し、お互いの労働条件を適正化していく方向性を理想として描いていた。

い職域にその大部分が進出しているのが実状」であり、「今後若年労働力不足の一層の激化が予測され、これを補う労働力として、主婦労働に対する需要も増大するであろう。すでに最近パートタイムの給源として主婦が注目され始めており、大企業においても、これの導入が考慮される段階になった」［藤井、同、一六頁］。

そして、女性の就業については以下のように整理する。

> 戦後の一時期、女性の働くことを婦人解放の要件として評価した時代があったが、最近では、マイホーム主義、夫婦分業論等の流行によって、女性の就業は、結婚・出産迄のものとして、共稼を忌否する風潮が、若年女子労働者の中にたかまっている。しかし［…］既婚女子労働者数は、依然増大を続け、殊に結婚、出産を機に職場を去った女子労働者が、中年の主婦労働者として、再び労働市場に立ち現われる数が最近増加しているのが、注目される。［同、一六頁］

以上のように女性の／主婦の就業を位置づけたうえで、藤井は、主婦が働くのは以下の二つの要素がマッチして成立する現象であるとする。

①主婦側の求職要求（のもとになる要因）

i　物価上昇による生活難の拡大。住宅事情の深刻化や教育費の増大。老後不安。
ii　中年主婦の余暇の増加。
iii　主婦が社会的労働に従事するのを容認する風潮。

②企業側の求人需要

i　企業合理化の進行⇩単純・未熟練労働に対する需要が高まる。
ii　人件費率の低下の希求（フルタイム⇩パートタイム／下請労働）。
iii　若年労働力不足の補完。

こうして低賃金労働者としての主婦労働市場は、次第に拡大される傾向にあることを指摘する。

そして、「主婦労働者にとっては、労働時間の長短が、家事労働との両立を左右する重要な条件となっている」〔同、一七頁〕ことを確認したうえで、主婦労働者の就労動機について以下のように解説する。

> 本調査[8]に現れた限りでは、パート就労の動機は差し迫った経済的要求というよりは、余暇利用乃至社会勉強的目的が前面に出ており、仕事の選択についても、「仕事が綺麗だから」の方が「賃金が良かったから」より上位にランクされている。〔…〕

以上のことから本調査の対象となったパートタイマーは、夫の収入で、どうやら生活できるものが大部分を占め、自分が働くことによって、貯金や教育費、レジャー費等を捻出しようとするものが多いと思れる《ママ》が後述するように、いずれも賃金値上げには強い関心を示しており、パートによる現金収入が、生活全体の中では、すでに可成りの比重を持っていることが推察される。またそれと複合する目的として、「社会的接触」や「生きがい」をあげる者も可成り見られ、これらの人々が一様に長期勤続を望み、その従事する職種にかかわりなくモラールが高いことが注目される。
〔同、一七―一八頁〕

このように藤井は、パートタイマーが、生活のためというよりも、「小遣い稼ぎ」や「家計補助」、加えて「社会参加」的な目的で就労している側面を表《おもて》に出す。

なお、調査対象の女性たちの子どもの七六・二％が学齢以上であったことから、「パートタイムといえども託児施設や育児条件が備わらない限り、幼児をもつ主婦の就労は困難なこと」〔同、一七―一八頁〕も指摘している。

次に、「働く主婦の背景」について述べている。調査によって年齢分布は「約六〇％が三〇～四五歳の中年婦人」であり、また「パートタイマーの半数以上が、過去に可成りの期間、雇用労働者として働いた経験をもち、それが結婚出産等で中断されていたのが、中年期になり育児の手間が、はぶける時期に再就職している」〔同、一九頁〕ことを明らかにしている。そして、再就職に関わる問題として、「パートタイマーの場合、主婦の過去の職歴は、殆ど役に立たず、評価も与えられていない」という「中断労働の弱点」〔同、二〇頁〕を指摘している。

加えて、夫はほぼ中級サラリーマン層に属し、内職との比較においては「所得水準の上では、パートタイマーの方が、内職従事者よりも若干高い水準にあり、過去に内職の経験のないものが七〇%に達している」〔同、二〇-二一頁〕ことを明らかにする。そのうえで、以下のように結論づける。

パートタイマーとして働く主婦の多くは、中級サラリーマン層に属し、夫の月収でどうやら生活できる位の収入を得ているが、貯金・教育費・レジャー費等を捻出す

8――〈婦人問題懇話会〉の「婦人労働分科会」が、一九六六年三月から四月にかけて行なった、パートタイマーの実態調査。

るためにパートタイマーとして就労している。従って切迫した経済的要求は、やや薄いとはいえ、パートによる収入は家計全体の中では、すでに欠くことの出来ない比重を占めており、これが賃金値上げへの高い関心と長期勤続への強い希望となって現われている。〔同、二二頁〕

「働かざるをえない」という状況は前面に出ず、「貴重な家計補助」という位置づけである。「パートタイムの労働条件と主婦のモラール」については、まず、「家庭責任を持つ主婦パートタイマーの労働時間は、家庭生活との両立を前提とする所に制約があり、企業側は七時間位を希望し、パートタイマー側は、五〜六時間を望んでいるが、現状では五〜六時間が平均労働時間となっている」〔同、二三頁〕実態を明らかにする。

作業内容は現場の単純作業が圧倒的であり、社会保険は「パートタイマー全体で、積極的に「加入したい」とするものは五・八%に過ぎず、「夫の健康保険があるから良い」とするものや、賃金から差し引かれるのをいやがる傾向があり、社会保険にはあまり関心がないようにみえる」〔同、二三頁〕と分析している。そして、

パートタイマーは一般的に中卒初任給を下廻る低賃金でありながら、労働時間の短

縮によって、家庭生活との両立がフルタイムより容易であり、大企業の場合には、福利厚生施設の恩恵にもあづ《マ》か《マ》れるので、主婦労働者には比較的好評であり、〔…〕勤続の意志は強い。しかし企業側で出している雇用期限は、一様に短期雇用を前提としており、〔…〕必《マ》し《マ》も長期労働として安定しているわけではない。〔同、二四頁〕

という状況を指摘する。よって、「現状ではパートを主婦労働の安定的雇用形態とは断じられない」〔同、二四頁〕と規定する。

現状におけるパートタイムの労働条件はフルタイムに比して安く、不安定でありながら、家庭責任を持つ主婦にとっては、労働時間の短いことが最大の魅力であり、しかも内職労働に比すれば、若干労働条件の向上が認められるところから今後も中・高年主婦を中心にパート就業者は、増大するであろう。しかし企業側の要請が、賃金比率の低下、臨時的労働力の利用等である現状では、パートタイマーの労働権を守り、不当な賃金をはねかえすために、それなりの方策がたてられることが、絶対に必要である。〔同、二四頁〕

ここで「労働権」の問題と、それを守るための「方策」(運動)について言及がなされる。藤井は、たんにパートタイマーを、《余裕のある主婦》として楽観視しているわけではない。しかし、モラル分析では、「もっと生活が楽になっても(例えば夫の収入が上っても)仕事を続けますか」という設問に「はい」が八八・二%だった結果を受けて、「このことからパートタイマーは、経済外の要求によっても働く意欲を支えられていることを示している」〔同、二六頁〕と報告する。こうした要因で、評価は多面的になることを余儀なくされる。藤井は、モラル分析に見られるパートの「社会的接触の効用・生活改善効用」について、以下のように述べている。

> 主婦労働者のモラールを支えるのは、第一に家計の不足分を補い、貯金、レジャー費を捻出し、生活向上をはかろうとする経済的要因ではあるが、それと共に、家庭の外に出て視野を広め、社会的な接触によって成長したいという意欲があることも無視出来ないであろう。唯主婦労働者の弱点は、若年女子労働者が持っている「社会勉強のために働く」といった意識を、ここでも延長していることで、職業人としての自覚や職業開拓への積極的意欲が弱いことで〔…〕、「常用の仕事があれば移りますか」という質問に対しても、全体的に移行を希望する者の方が少く《ママ》〔…〕、

このことは、現状では主婦が、「常用」として働くことの困難さを示すと共に、現状維持型が多く、さらに条件の良い仕事に就こうとする積極性に欠けているように思われる。〔同、二六頁〕

ここでは、主婦ゆえの労働者意識の低さと、キャリアアップへの積極性のなさとが、課題として認識されている。

「社会的接触の効用・生活改善効用」は、主婦を家庭から労働市場へ引っぱり出す要因にもなると同時に、それが要因であるがゆえにさらなる好条件の職場を求める「積極性」が喚起されにくいという、逆説的な条件でもある。藤井は、その問題への対処を模索する。

現状におけるパートの労働条件は、内職労働にくらべれば、あらゆる点で、上廻るとはいえ依然として低賃金で不安定な就労にすぎない。しかしここに就労する主婦労働者は、家計費の追加部分を必要とする中級サラリーマン主婦が多く、それだけに、賃金値上げに対する要求を可成り持ちながらも、より効率の高い職域を開拓しようとする意欲は少ない。それ故、現状維持の形で長期勤続を希望し、仕事への興味も「面白い」とするものが、全体の六七・六％と職種にかかわりなく高いが、反面「働く者」としての自覚や、より高い技能を習得しようとする意欲よりも、一般的社会的勉強に終始し、これに満足する傾向が強い。ここに主婦労働者は、企業にとっては、安く、かつ何時でも整理対象となり得る未組織労働者であり、仕事自体へのモラールが高い割りに、労働者意識が低いという、願ってもない性格を示している。

従って今後の主婦労働の開発のためには、この点の啓蒙と指導が必要であり、労働組合等の積極的な対策が要請される所である。〔同、二六頁〕

ここで注目すべきなのは、「主婦労働者」を「未組織労働者」と規定している点と、そのような彼女たちを組織・「開発」するために、労働組合による「啓蒙と指導」が必要なプロセスとして示されている点である。一方で藤井は、「企業及び組合のパート対策」についても分析している。

各企業におけるパート採用の動機は、①若年労働力不足による初任給の上昇に対し、中卒初任給を下廻る賃銀で雇用できる主婦労働が注目されるようになったことと、②不況対策として、組合を刺激しないで雇傭、解雇のできる主婦パートタイマーを企業の安全弁として使用しようとするもので、大方の企業が〔昭和〕三九年五月頃から本格的な採用を始めている。しかし確固たるパート対策は、未だたてられていないのが実情のようである。〔同、二七頁〕

企業では、パート採用の利点として、①経営上人員補充的な意味で都合が良い。②人件費が節減できる。③中・高年なので、責任感が強い。④優能多才な人材が集められる。等をあげ、〔…〕大勢としては、今後もパートタイマーの採用が、引き続き増大する傾向を示している。

これに対し組合では、全組合〔…〕とも、パートについての協約を結んでおらず、採用に関して、会社側と話し合いの行われたものは、二社のみである。また執行部のパートに対する考え方も「やむをえない」とするものが、九社で現状肯定と無関心が大勢を占めている。〔同、二八頁〕

このような状況の必然的な結果として、調査では、パートタイマーで組合に加入している者は皆無であった。組合側の組織化の優先順位は、①臨時、②日雇、③パートで、パートは一番後まわしであった。

ここに、パートタイマーの職業意識の薄弱さと相まって、パートタイマーが企業の恣意の下に、ほしいままにされる危険性が十分にある。今後パートタイマーの増勢が考えられ、しかもこれを無下に切り捨てることができない以上、組合はパートを臨時工と共に組織化することが必要であり、それなくしては、主婦労働が、企業のクッション化されるのを防ぐことは不可能であろう。〔同、二八頁〕

と、藤井は危機感を露わにしている。

次に藤井は、同年に次々と提出された主婦のパート就労に対する評価をまとめている。まず、神田道子〔一九六六〕、林《はやし》潔《きよし》〔一九六六〕、影山《かげやま》裕子《ゆうこ》〔一九六六〕を、主婦のパート就労に賛成する論者として位置づけ、神田と林の「両氏の見解は、㈠パートといっても、専門職パートを推奨されていること。㈡育児期間の就労を継続させるために、パートを導入していること等に共通点が認められ、いずれも乳幼児を持つ女子労働者の職業継続の一手段として、パートを評価されているところに特色がある」〔藤井、同、二九頁〕とまとめている。主婦の再就職を「自己完成欲求」の現れとみる影山〔一九六六〕の主張は、主婦労働の発展にかなり楽観的な見解をとるものとして位置づけられている。

続いて嶋津千利世、内藤和子《ないとうかずこ》を反対論者としてまとめ、嶋津［一九六六→一九七八］の、「パートタイマー化は、女子労働者を臨時雇よりもさらに不安定なものにするだけでなく、実質は本雇同様あるいはそれ以上の長時間労働を強いられ、しかもいつでも自由に首を切れる労働者を大量に作り出すことによって、婦人の役割を軽ろ《ママ》んじ、闘争力を弱めようとするものである」という一文――正確には、嶋津の文章［同、二七−二八頁］を藤井がまとめてこのような一文にしたもの――を引いて、「パートは女子労働者全般の労働条件を引き下げるものとして、排斥されている」［藤井、一九六六、二九頁］と読み解いている。

しかし、これは藤井の誤読である。嶋津は、独占資本側が構築した搾取のシステムを攻撃しているのであって、実際に働くパート主婦を「婦人労働に悪影響を及ぼすもの」として批判しているわけではない。嶋津は、《主婦のパート就労に反対》しているのではなく、《婦人労働者を搾取する構造への闘争的な対峙なしに、主婦のパート就労を肯定的に評価することに反対》しているのである。

藤井の見解に戻ると、藤井は以上のようなパート評価の「問題点」として、以下のことを指摘している。

「専門職パート」を推奨する見解については、「現状では未だ極めて少く《ママ》、本調査でも二・二％に過ぎなかった事実は、これを遂行するためには、かなり抜本的な方策が必要なことを示している。そしてこのことは、専門職に働く女性の数そのものが少く、しかもこの中《ママ》パートでの勤務が可能な職種は、教員、看護婦、交換手等しかないという現状と、パートタイマー自身の職業意識が低く、職業訓練にも消極的であることを考え併せると、これの実現の困難さが推測されるのである。しかし、保育施設の皆無に近い状態の中で、女性が、職業継続をはかる過渡的な一手段として、またパート＝未熟練臨時労働という観念を打破するためにも、専門職におけるパートの利用は、推進さるべき一方法ではあろう」〔藤井、一九六六、二九―三〇頁〕と、両義的な評価を下している。そして、影山の「主婦生きがい論」については、「わが国の大勢として、未だ経済的要因が一般的には優位に立っていることが認められる」〔藤井、同、三〇頁〕として慎重な立場をとり、基本的にこれを楽観的なものと位置づける。嶋津の現状理解に対しては、「原則的には明確であるが、唯育児施設の皆無に近い現状の下で、育児期にある婦人の就労が著しく困難な実状と、中・高年主婦が家庭責任を果しつつ就労する場合、フルタイム就労では出られないといった現状の上にたった具体的施策が必要であるし、現実に合理化政策の中に組み込まれつつある主婦労働者の増勢を、切り捨ててしまうことは、不可能であろう」〔同、三〇頁〕と評定する。しかしこれは先に確認したように、嶋津論に対する誤読がもとになっているので、正しい評価とはいえない。パート主婦層を「切り捨て」ようとしている勢力や論者――想定するならⅡ「主婦天職論」をとる論者たち、となるだろうか——に対する批判と読み替えればよいだろう。

最後に藤井は、この論文のまとめとして以下の二点を指摘する。

一つはパートタイマーの組織化である。

パートタイマーにとって、最大の関心事である賃金の値上げと雇用の安定化を通じて、彼女等を啓蒙し、共闘することによって、従来把握することの不可能だった主婦層を、労働者として組織し、リードすることができれば、将来の労働運動にとっても、大きな収穫となるであろう。〔藤井、同、三〇頁〕

改めて、労働運動(既存の組合が主体として想定される)による「啓蒙」と組織化(そのうえでの「共闘」)が強調される。▽9 そして、その運動では、「せめてフルタイムと同賃金率の

9——一方で藤井は、「パート組合のような横の組織化をはかることも一方法」〔同、三〇頁〕とも述べている。これは現在から考えれば、きわめて先見性のある提起として評価できよう。

パートタイムに迄引き上げる努力がなされるべき」〔同、三〇頁〕と結論づけている。これは、同一労働同一賃金原則（均衡処遇）にもとづいた方針であり、注目されるべき論点であろう。

二つ目の指摘は、主婦の職場進出における「生きがい」の評価についてである。今後「生きがい」を求めてパート就労へと主婦労働者が進出してくることが予測されることから、その啓蒙・訓練・組織化によって「その質を高め、主婦のエネルギーを有効に活用できるとすれば、今後一層増大するであろう主婦労働対策の一助ともなるであろう。／但しわが国の現状では、企業は依然として、主婦労働を低賃金の源泉としてのみ注目しており、何らかの対策なしに、安易に主婦のパート就労を推奨することは危険である」〔同、三一頁〕と、期待と警戒を同時に表している。

以上の藤井の見解は、一九六六〔昭和四一〕年の時点では、おそらくもっとも総括的なものとして位置づけることができよう。

ⓑ「主婦パート・タイマーの現状と問題点」（一九六八年）

続けて藤井治枝の、一九六八年の論文「主婦パート・タイマーの現状と問題点」を見てみよう。◁10

ここで藤井は初めに、北海道で「ある生活協同組合に勤める主婦パートたちが、一般職員と手を組んで、初めて組合をつくり共闘した」〔藤井、一九六八、三〇頁〕事例をとりあげている。[11] 先に見たように、藤井にとってもおそらくこうした事例は、理想的な形態の一つと捉えていたはずである。そして、当時の五年ほどの経緯を以下のようにまとめている。

　このパート・タイマーと呼ばれる労働者が、登場した昭和三八、九年頃は、資本の自由化と過剰生産による景気後退の中で企業の合理化がいっそう強力に展開された時期であったが、この過程で、とくに未組織・無権利な労働者として、主婦パート・タイマーの採用が始められた。事実、現在では若い女子労働者が、若年定年制や結婚退職制などによってフルタイマーとしての労働を追われたうえで、一定の育児期間の後に、こんどは〝パート・タイマー〟と称するいっそう安い未組織労働者として、再び企業の合理化体制の一環に組み込まれる傾向が強化されている。〔藤井、同、三〇頁〕

10――藤井〔一九六六〕と重複する点も多くあるが、表現が若干違っていたりもするので、なるべく省略せずに確認していく。

11――この事例の歴史的な検証作業は必要と思われる。

いわゆるM字型雇用の山を、「女子労働者」と「主婦パート・タイマー」という用語を使い分けて表すことで、問題の本質を明確にしている。また、「合理化」ならびに「未組織労働者」というキーワードが繰り返され、強調されていることがわかる。

そして一九六七〔昭和四二〕年労働省婦人少年局「パート・タイム雇用の実情」を引き、規模の大きい企業ほど主婦パートタイマーの雇用の割合が高いことを指摘したうえで、「しかし、労働力としての依存度は、むしろ小規模な所ほど強く、五六％が「平常時の労働力」として雇用しているのに対し、大規模事業所ほど臨時的な性格が強くなっている」〔同、三一頁〕ことを明らかにしている。

続けて、主婦パート増加の背景について考察を加えている。企業によるパートタイマーの採用時期は、約六割が一九六三年以降であったというデータを紹介して、以下のように分析する。

このように企業が、主婦パートの採用に熱意を示すようになったのは、第一に合理化の進行にともなって、単純、未熟練な労働に対する需要が増え、しかも三〇年代の経済高度成長が曲り角に達した三八、九年以降では、企業間の競争が激しくなった中で、コストを下げる必要から人件費の引き下げが求められ、ここに単純、未熟練労働者として、より安く雇える主婦労働力への需要がたかまって来たことがあげられよう。[…]
　そして第二には、最近わが国でも企業の必要とする若い労働力の不足が目立ち、この不足を補う未開拓な労働力として、主婦が注目されるようになったからである。

[同、三一頁]

この「労働力の不足」という点に注目して、藤井はさらに分析を掘り下げている。

　そこで労働省の推計によると、今後労働力の不足は、[昭和]四五年で一四三万人、五〇年には一七三万人に達し、この頃から現在若年労働者でまかなっている職業分野にも、主婦が大量に動員されるようになるだろうと予測されている。
　こうして、いままでわが国低《ママ》賃金労働者の豊かな供給源であった若年労働力の枯渇は、新しい低賃金労働の貯水池として、主婦労働の開拓を余儀なくして来ている。そのあらわれは、すでに[昭和]三八年に行われた経済審議会の「人的能力開発の課題と対策」という答申の中にもみられ、パート・タイマーとしての主婦層の動員を計画して、㈠婦人の再就職の問題、㈡パート・タイム制度の活用、㈢婦人労働者の職業生活に必要な教育訓練の充実・強化などがうたわれている。〔同、三二頁〕

このように、「主婦労働の開拓」という事態が避けがたいものであることを指摘する。そして、経済審議会が打ち出した方針を、「パート・タイマーとしての主婦層の動員」をねらったものであると明確に規定している。この点は注目されよう。

次に、そうした主婦パートを活用する企業側のうま味について分析している。①低賃金であること、②臨時工にくらべて常用工化への要望が極めて少ないこと、そして、③主婦の労務管理はやりやすいこと、これらの点が指摘される。そのうえで、

主婦パートは、一般に社会的意識が閉鎖的で、権利意識も弱く、労働者としての自覚より主婦としての意識の方が強いので、若い女子労働者にくらべて、企業の意図には従順で管理しやすく、仕事熱心な割に、企業に対する要求が少ない。たとえば、賃金なども家計の不足分が補えれば満足するといった傾向が強い。〔同、三二頁〕

と規定する。「労働者としての自覚より主婦としての意識の方が強い」という主婦パート

の分析視点は、一九八〇年前後の主婦パート労働者自身による運動のなかでも問題化されたもので（本書第5章で見ていく）、注目すべき点である。

また、④現状では企業内での組織化が困難である、という点も分析されている。

> 主婦パートは、臨時工・社外工と共に組合の外にあり、組合もまた一般には主婦であることを理由に、パートを組織化の対象からはずす風潮がある。したがって、このようなパートの増加は、組合の団結力を弱める効果を持つ。〔同、三二―三三頁〕

藤井は、パートで働く主婦の側、組合の側、双方にとって現状が望ましくない状態であり、双方の意識の向上によって一刻も早く組織化へと向かうことを希求している。

さらに、⑤労働力として質が良い、という点も指摘されている。

以上五点の企業側に有利な条件に対し、次に、応ずる主婦の側の条件をまとめている。

①サラリーマン家庭における生活難の拡大（調査の結果、「現状では主婦の働く動機は、第一に経済的圧力による」〔同、三三頁〕ことを明らかにしている）[12]、

②中年婦人の余暇の増大と社会に連《つら》なりたいという欲求、

③労働時間が短いことにより、家事労働との両立が容易であること、

以上の三点である。そして、「こうして、主婦をパートに引き出すことをねらっている企業と、これに応ずるのを希望する主婦がある限り、今後も主婦パートは増加を続けるものと考えられる」〔同、三三頁〕と述べる。

また、一部のジャーナリズムが、パートへの就職を主婦再就職の適職として奨励し、明るい面のみを強調する傾向があること、さらに主婦のなかにも「しゃれた明るい」幻想があることを挙げ、そうした傾向を戒めている。

続いて藤井は、主婦パートタイマーの労働条件を問題にし、調査結果を紹介している。調査対象となったソニー厚木工場のパート採用方針は、「主婦労働の開発」というスローガンに代表されるものであった。それは、

①主婦を働かせることにより、自己開発を促し次元の高い幸福を獲得させること、
②働きがいのある職場をつくること、
③押しつけられた生産活動でなく、主体的に働く気持を起こさせること、

この三点による、当時としては先端的な労務管理方式に基づいた採用方針であった。藤井はこの点は特に分析していないが、現在から見れば、「自発性」（やりがい）を喚起して効率を引き出すこの労働力「開発」システムは、さまざまな意味で注目すべき事例であろう。

賃金については、「現在主婦パートの賃金は、男子労働者の約半分という女子労働者のさらに三分の二にすぎず、ここに新たな低賃金層が形づくられている」〔同、三六頁〕事実を指摘している。

この低賃金に対するパート主婦当事者側の反応は、「主婦の賃金要求は、いまだに「家計の不足分を補う程度で良い」といった域を出ていない」〔同、三六頁〕というものであった。

これに労働時間・社会保険などの要素も加えて、藤井は以下のようにまとめている。

パートの労働条件は、低賃金の割に労働時間が長く、なかにはほとんど一般の労働者と変わりなく働いている者もかなりあるが、これに対する社会保険や企業内福利

12――藤井は基本的に、主婦が働きに出る「経済的理由」をあいまいに提示するので、どの程度の必要性なのか、いかなるレベルの「家計補助」なのかがわからず、しばしば議論が矛盾・混乱する。

厚生施設の適用についてみると、社会保険の加入は、失業保険・健康保険・厚生年金保険のいずれも未加入の場合が七割以上であるが、大企業の方が、加入の率は一般に高く、五〇〇人以上では、六六%が加入している。また健康保険、労災保険の加入も少なく、業務上の災害を受けた者のうち、五六%は治療費を本人が負担している。〔同、三六―三七頁〕

しかし一般的には、主婦パートの「加入」希望は意外に少なく、「夫の健康保険があるから良い」とする者や賃金から差し引かれるのを嫌い、企業もこうした主婦意識を利用して「社会保険」の負担を免れようとする傾向も出ている。さらに主婦パート・タイマーに対する社会保険の取扱いについては、〔昭和〕三五年の八月一八日付で、厚生省から行政通達があり、主婦が働くことによって「被扶養者」であることに変わりない場合、つまり家計補助労働の場合は、この適用から除外することとしている。したがって、この面でも主婦パートの導入は、企業の負担を軽減することに役立っている。〔同、三七頁〕

以上のように、パート・タイマーの労働条件は、中卒初任給を下回る低賃金、フルタイマーを上回る労働時間、社会保険からの除外など、こんご考慮されねばならない問題は多い。しかも雇用契約は、短期契約の更新をたてまえに七〇%が六ヵ月までの期限をつけられているので、パートは景気の影響を真っ先にかぶり、人員の増減が著しいのが特徴となっている。〔同、三七頁〕

続けて、内職との比較を試み、今後内職からパートへの移動が盛んになることを予測し、「子供の世話がなくなると同時に、こんどは教育費が家計を圧迫するようになり、この段階で内職からパートに出てくる主婦の多い」〔同、三八頁〕ことを明らかにしている。

そうした流れをふまえて、藤井は改めて以下のように定義する。

これらパートのおかれている労働条件は、前近代的で最もミゼラブルな内職とくらべれば若干恵まれているとはいえ、パート・タイマーというしゃれたイメージにかかわらず、その実態はほとんど臨時工とかわらず、「時間制雇用を労働協約し、賃金率においてはフルタイムと同率に扱われる」ヨーロッパのパート・タイマーとは異なった特殊日本的な性格を与えられ、低賃金労働者の最底辺に再編成されようとしている。そして企業は、これら主婦パートを本工と並存させると共に、他方で

は相変わらず「景気の調整弁」として利用しているのが実情である。〔同、三八頁〕

ではなぜパートは、労働市場の底辺に置かれ続けることになるのか。その背景について、藤井はまず、パートタイマーの「高い労働意欲・低い権利意識」から分析を始める。

パートの勤労意欲の高さは、一つには、「働かねばならない」家計の圧力によることが考えられる。しかし、いずれにせよ一般的には勤続年数の短い若年女子労働者にくらべると、むしろ中高年の主婦パートの方が、長期間の勤続を望んでいる。〔同、三八―三九頁〕

その反面、主婦パートの特色は、職業開拓への積極的意欲が弱いことだと指摘する。

これは、現状では主婦が家事労働との両立の上で、本工として働くことの困難さを示すと共に、現状維持を望む者が多く、より好条件の仕事につくための積極的な努力が欠けているように思われる。〔…〕

このような傾向は、臨時工の本工登用闘争が激しい企業にとっては、まさに願っ

てもない現象で、抵抗なく主婦パートを低賃金の単純労働に釘づけすることが可能となっている。〔同、三九頁〕

そして、「自分の技術をみがき、より良い労働条件を獲得しようといった意思は弱く、特に本工への移行を希望する者は少ない。この傾向は、労働省のデータでも、主婦の場合には八四％が「パートからフルタイムに移行する気持がない」と答えている」〔同、四〇頁〕と藤井は述べて、その「低い権利意識」をめぐる分析を試みている。

このことは、主婦パートが、一般に与えられた仕事には興味を持ち、熱心にやる割に、それを発展させ、あるいは新たに技能を身につけて、良い仕事に移りたいといった意欲が少なく、企業に対する要求も、パートだから、主婦だからこれ位で良いといった態度を取りがちなのは、企業にとっては、歓迎すべき性格ということができる。そして、こうした形での主婦の再就職が今後も進められるとしたら、主婦労働者は、高い労働意欲と低い権利意識を持つ使い易い労働者として、わが国労働市場の最底辺を形づくり、一般労働者の足をひっぱる存在となる恐れが出てくるであろう。〔同、四〇頁〕

藤井の論説においては、調査にもとづいた現状分析をすると同時に、主婦パートタイマーの「意識」とくに「権利意識」の低さを強調する傾向が強く見られる。それは、このままでは今後ますます多くの主婦パートタイマーが（企業の思うがまま）低賃金・悪条件の単純労働へと落とし込まれていってしまうという危機感と、さらに——というよりむしろ、こちらのほうが藤井の問題意識においてメインではないかと思われるが——その存在（の増加）によって一般労働者の労働条件までもが低下する危険性があるという危機感とによる。このような、パートが「足をひっぱる」論を正面から唱えたのは、五人の論者のうちで藤井のみである。もちろん藤井は「パート害悪説」を唱えているわけではない。その解決法として、パートを切り捨てるのではなく、組合への組織化（啓蒙・共闘）を強調している（一方で、パートによる組合結成を方法の一つとして示していたりもする）。その方針への評価は難しいが、主婦パートの労働条件を、いかに労働者の側が労働者自身の問題として取り組む対象とするかに意識を払った藤井の議論は、きわめてシビアで現実的なものであったといってよい。

ともあれ、一九六六・六八年というこの早い時点で、主婦パートタイマーの「労働者意識が低い」こと、その原因が「主婦としての立場意識」にあることを明確に定義した点は、大きな意味をもっているだろう。

広田寿子の主張

広田寿子《ひろたひさこ》は、一九六九年に論文「女子労働についての現状認識」（のち「女子労働問題の理論的基礎」と改題）を発表している。

そこではまず、資本にとってのパートタイマーの有効性を、

①人件費を節約できること、
②学歴が高い・職業経験がある ⇩ 職業適応力が高いこと、
③労働組合に組織されていないこと、

と整理し、③について以下のように指摘している。

フルタイムの常用労働者とパートタイマーのあいだにある雇用契約および労働条件の相違は、既存の労働組合にパートタイマーが加入することを阻止する条件に

なっているし、さらに労働組合への加入が阻止されているというそのことが、労働組合員である一般労働者とパートタイマーのあいだの諸差別を固定化し、強化する条件にもなっている。したがって、資本にとってさいわいなことは、労働組合がパートタイマーの問題を、労働者全体にかかわる問題としてうけとめ、真正面から取り組む態勢がまだ十分にととのっていないことであろう。

〔広田、一九六九→一九七九、八〇頁〕

このように、労働組合によるパートタイマーという存在への対応の遅れと、そのことが結果としてさらなるパートタイマーへの差別的処遇を促してしまう構造とを問題にしている。そしてもう一つ、資本の側の戦略として、「主婦を家庭につなぎとめること」を挙げる。家事を主な仕事とする家庭の主婦の立場にいったん緊縛された女性は、のちに経済的な理由から「副業」であるパートタイムの仕事にとびつかざるをえない。そしてその労働は「副業」であるがゆえに低賃金でも受け入れられる、という図式の意味を重視する。

続いて、パートタイマーがフルタイムの女子労働者の競争相手となってしまうことについて、「パートタイム制度の導入についていえば、女子労働者の分裂支配＝女子をフルタイマーとパートタイマーに分割して管理することが、いまや男女をふくめた全労働者の搾取を完成するための効果的な手段となりつつあることに注目すべきであろう」〔広田、同、八一頁〕と提起する。この構造に注目したのは、少なくとも五人のなかでは、広田が最初である。これは——本書の第4章・第5章で見ていくが——、のちの主婦パート当事者の運動によって提起される論点でもあり、それゆえ重要な意味をもつ。広田の先見性は認められるべきであろう。

また広田は、「以上のようなパートタイマーの登場は、〔…〕資本による男女差別再編、強化のもう一つの契機である女子労働者の定着化傾向とうらはらの関係にある」〔同、八一頁〕と述べる。つまり、女子労働者の定着化が資本の危機感を煽り、資本は定着化阻止対策として差別強化（若年定年制など）を図り、その結果としてパートタイマー層が増加していくのだと説明する。

そして、資本による主婦労働力に対する社会的配慮の消極性をふまえたうえで、こう結論づける。

このようにして、職業と家事の二重の負担を背負う女子労働者の男子労働者にたいするハンディキャップは決定的になる。資本による合理化は、男子労働者には長時間労働と「モーレツ」な労働強化を強いる一方、この点で男子に及ばない女子労働者には、その「特性」に応じてパートタイマーとしての地位をあてがう。そうすることによって、もっとも有効な支配と搾取の体系をつくり上げようとするのである。中教審が女子教育について、「今後における女子の社会的な役割の重要性にかんがみ……女子の特性に応じた職業分野に相応する専門教育の充実を図る」と答申しているのも、このような資本による男女差別の再編、強化の意図を間接に表現したものということができよう。〔同、八七頁、傍点は原文〕

この認識のうえに、広田は最後に、女子労働者が男子労働者と共闘していく必要性を説く。広田の基本的なスタンスは、こうした「高度蓄積のもたらした女子労働者数の大幅な増加」を「わが国の労働者階級の運動を飛躍的に発展させる条件」〔同、八八頁〕と見る、未来志向の、社会変革の過渡期論である。こうした見方は、嶋津・藤井とも共通する性格のものである。

次に、広田の一九七二年の論文「内職・「パート」労働市場の実態と特徴」を見てみよう。まず、内職とパートの関係について、電気労連の「生活実態調査」から、内職世帯の比率が低下傾向にあることを確認している。そのうえで、「このような現象は、女子賃労働の端緒的形態あるいは女子賃労働への過渡的形態ともいえる内職が、雇用機会の増加にともなって、「パート」やその他の共稼ぎにしだいにとってかわられる側面のあることを示している」〔広田、一九七二→一九七九、二二二頁〕と説明する。別の表現では、「パート市場の急激な拡大が、内職市場を徐々に浸蝕しはじめている」〔広田、同、二二三頁〕とも述べている。広田は、「パート」の登場について、「積極的な「パート」採用の開始は〔昭和〕三八、九年ごろとみられているが、実際上「パート」が新規学卒につぐ労働市場の主役に転じたのは、〔昭和〕四〇年の不況を底にする四〇年代前半の景気好転期においてであろう」〔同、二二八頁〕と位置づける。

そして、パートの労働条件について、電気機器製造業におけるパートの賃金が一般労働者の八割に満たないことを挙げ、以下のように指摘する。

一〇〇〇人以上の大企業における「パート」と一般労働者の画然とした年齢差は年齢と反比例する賃金差とあいまって、大企業における「パート」が、じつは「パート」という名のもとに資本にとって格好な搾取材料とされていることを端的に示している。

ここに例示した賃金差には、基本給の差だけではなく、諸手当および賞与の差もふくまれているが、「パート」の実質的な収入を低くおさえる他の要因として、昇給、退職金および有給休暇などに関する差別の存在も無視できない。

このような「パート」の低賃金とあいまって、「パート」の本質をうきぼりにしているのは、社会保険の低い加入率であろう。「パート」という一見特殊にみえる雇用形態を口実にして、労働者にとってのとうぜんの権利が放棄させられている事例が小企業のみでなく大企業においてさえ数多くみられることは、「パート」制度の矛盾にほかならない。〔同、二三〇頁〕

このように、パートの存在を、一般労働者との「差」ではなく「差別」という側面を強調して特徴づける。

続けて、パートの本質的な性格を以下のように指摘する。

「パート」の実態と関連して絶対にみおとせない重要な問題点は、「パート」の多くがじつは「パート」という名の臨時工であることであろう。企業がパートを採用する理由は、ある調査では「不定期的な人員の補充」（回答の七一％）、他の調査では「仕事内容がパートに適している」（四一％）、「雇用量調節可能」（三〇％）などに回答が集中しているのは、「パート」を雇うことによって人件費の節約が可能であるというすでにみた利点にくわえて、「パート」にたいする資本の期待がその景気調節的役割にあることを問わず語りに示している。〔同、二三一頁〕

「パート」と「臨時工」をつなげて考える試みは、注目されてしかるべきだろう。労働実態としては臨時工であるのに、主婦であるから「パート」となる、そして「パート」であるから当然のように差別される。このおかしさに気づくためには、こうした視点は必要である。パート労働者の労働者性を考えるうえで非常に有効であり、価値ある提起といえる。

次に内職とパートの関係については、「内職と「パート」の以上のような本質的な相違〔労働形態の相違〕にもかかわらず、内職層と「パート」層のおかれている立場には、家事が本業であることが強調される資本のための主婦の労働という注目すべき同質性がある」〔同、二三三頁〕と結論づけている。

加えて、中小企業の中高年女子労働者とパートの相似性について以下のように指摘する。

> 中高年層が内職・「パート」層と似ている点といえば、低い賃金のほかに概して単純な仕事に従事していることがあげられる。しかしそれよりもさらに重要な共通点は、かれらもほとんどが家庭の主婦であることといってよかろう。ここでも低賃金

と家庭の主婦がむすびついている。とするならば、内職・「パート」層について指摘した家事が本業であることが強調される資本のための主婦の労働という規定は、これら中小企業で働く中高年層の場合にもあてはまるのではなかろうか。

〔同、二三四−二三五頁〕

このように、パートを分析する視覚を拡張させて、《主婦でありつつ労働者である》ことが、いかに劣悪な労働条件に直結するかを説いている。

以上を総合して、広田は以下のように結論する。

国家機構と一体化した独占資本による産業および労働の再編成に対応して、労働市場は意識的に分断され、科学の進歩と機械化の進展とさらに教育の普及によって同質化する労働者がさまざまな口実のもとに差別をしいられている。低い賃金の「パート」をすえる女子労働者支配の土台のうえに、「パート」並みかややましの「フルタイム」の中高年層が配置される。これらの労働者に共通の不安定な労働条件は、若さゆえに当面はいくぶん優位にある若年層の明日を象徴している。家事が本業であることが強調される資本のための労働は、こうしてわが国における低賃金構造の

支柱となっている。〔同、二三八頁〕

広田は、五人の論者のなかで、①主婦が家庭責任にしばりつけられていることを重視し、それがゆえに低賃金パートという立場（身分）に置かれ、差別を正当化されることを分析し、②「パート」の位置を、内職・臨時工・中高年フルタイム女子労働者とのつながり（共通性）のなかで確認するという、これらの視点においてもっとも際立っている。また、資本による男子－女子労働者の序列化、さらに女子労働者内での序列化の構築戦略を、簡潔ながらも鋭敏に突いている。「パート」の立場性・構造を輪郭化するのに成功しているものとして、広田の論説は評価されてよいだろう。

竹中恵美子の主張

竹中恵美子《たけなかえみこ》は一九七〇・七一年に論文「最近における婦人労働の諸問題(I)(II)」（のち「高度成長期の女子労働市場と賃金（一九六〇〜一九七三年）」と改題）を発表している。

竹中はまず、中高年女子の雇用構造について、以下のように述べている。

中高年女子パートタイマーと、主婦を中心とした内職的家内労働者とは、つねに代替関係におかれている。〔…〕家内労働者（内職）とパートタイマーは、家庭主婦の労働力化の二形態であり、その選択は、家計補助の必要度と家事（育児）の緊縛度との相関関係で決定されているにすぎない。つまり内職労働市場とパートタイマーの労働市場は、画然と区別された排他的な労働市場ではなく、流出入の自由な、オープンな供給過剰労働市場なのである。しかもその背後には、就業の機会を待機する膨大な中高年家庭主婦が存在する。

〔竹中、一九七〇・一九七一→一九八九、二四二―二四三頁〕

パートと内職の関係性についての見解は、先に見た広田とほぼ同じであるが、竹中はそのうえで、膨大な就業予備軍の主婦たちの存在が、労働条件をおし下げる働きもすることを指摘している。

次に、高度成長以降のパートタイム雇用の課題と展望について以下のように述べる。

高度成長のための労働力政策は、もっぱら未利用労働力の開発と流動化の政策にかけられているのであるが、とくに未利用労働力の開発が、主婦のパートタイム雇用（不熟練労働の開拓）にのみおかれ、高学歴化していく新規の女子労働力の狭い雇用機会が不問に付せられていること、またその能力開発と家庭生活との両立を可能にする積極的労働力政策を欠くところに根本的問題がある。

なおこんご主婦の就業希望が高まらざるをえない客観的条件のなかにあって、主婦のパートタイム雇用が一層普及するであろうことは予測に難くない。[…]こうした世界的動向からみて、女子の雇用政策としては、パートタイム雇用の労働条件の適正化と短時間労働者としての社会的地位の格付けを明確化することが、緊急不可欠の課題となるといわねばならない。 [竹中、同、二五三–二五四頁]

「パートタイム雇用の労働条件の適正化と短時間労働者としての社会的地位の格付けを明確化すること」を第一の課題としてこの時点で設定していたのは重要である。つまり、パートを過渡的なやがて克服されるはずの労働形態と見るのではなく、あくまでパート雇用、パート労働のありかたを現在的に、また将来的に構築・保障していかねばならないという考えにもとづいている。「短時間労働者」としていかに適正な労働権を確立するかという、その後の当事者運動(本書第5章で見ていく)の基軸となる理念を打ち出しているという意味で、竹中のこの提言は評価すべきものである。

続いて、女子の低賃金の原因を検討するなかで、以下の問題を挙げている。

〔女子の賃金が低い〕第二の理由は、大企業が若年女子労働力の需要独占によって、中高年齢層が中小・零細企業に集中せざるをえないことにある。もっとも大企業への雇用口が全く閉ざされているわけではないが、それが許されるのは、日雇・臨時・パートタイマーなどの雇用の不安定な労働者としてであり、彼女たちは、本工労働市場から排除された過当労働市場に属している。〔…〕したがって中高年女子を中心とする内職労働者とパートタイマーは、独自の労働市場を形成して、常用女子労働者の下層に位置づけられている。〔同、二七一頁〕

ここでも、広田同様、女子労働者間の格差が指摘されている。そうした状況をふまえて、男女同一労働同一賃金の実現のためには、「とくに、女子パートタイマーが未組織のまま放置されているこんにち、その組織化は早急の課題である」〔同、二八一頁〕と述べ、パートタイマーの組合員化やパートタイマーの労働条件統一基準の設定などの労働組合側の動きを、「中高年女子の低い労働条件を克服するための、新しい動向をしめすものである」〔同、二八一－二八二頁〕として評価する。

竹中も、前に見てきた論者たちと同じく、組合によるパートの組織化を重要視している。

そして竹中はこの論文の結論として、以下のように述べている。

女子の賃金問題――低賃金と差別賃金――を解決するための今日的課題は、たんに男女同一労働同一賃金の実現にとどまらず、女子に対する短期雇用管理を排除し、真の労働権の確立のための社会保障と、雇用、配置、昇進、職業技術訓練についての男女の均等待遇を労働協約化するなどの、多面的な課題と切り離しては解決できないことをしめしている。〔同、二八二頁〕

竹中は、男女賃金格差をなくしていくためには、「男女同一労働」への要求が必要になってくると説いており、また「熟練度別賃率」の設定が必要だと考えているが、短時間労働者たるパートにも、おそらくこれを適用することを前提としている。それによって、女性労働者間の格差の解消という効果も想定できる。

竹中の論説は、大筋で広田と共通するものだが、結論的には神田ともかなり近い。「男女同一労働同一賃金」の具体化への現実的構想や、労働市場の状況と賃金構造との関係の分析など、五人の論者のなかではもっとも大局的な見地からの検討がなされている点は注目される。

論点の整理と問題の所在

では、前節で見てきた五人の論者たちの主張の傾向を確認してみよう。

論者たちの間に、単純な対立図式はない。手放しにパート就労を肯定する論者もいなければ、一方的にパート就労を否定する論者もいない。要は、①主婦パートタイマーの歴史的・構造的な位置づけと意味づけ、②パート就労の雇用・労働条件の整備の方向性、③国家政策と資本の動向への対抗措置のありかた、これらの問題となる。その認識、意識の強弱、とるべき方針と方法のそれぞれに、差異がある。各論者の特徴的な論旨は、下記の表にまとめた。いずれも、

パート労働に関する、各論者の特徴的な論旨

論者	特徴的な論旨
神田	女子の職業継続を可能にし、将来、フレキシブルな労働形態を実現するツールとして、パートは有効である。
嶋津	「貧困」という視座。現在の劣悪な労働条件が、婦人労働者が権利闘争の主体となっていくきっかけになる。
藤井	「未組織労働者」という視座。啓蒙してパート主婦の労働者意識を変えない限り、正規労働者の労働条件まで引き下げられる危険性がある。
広田	「パート」という（差別的）身分の設定自体が、資本による効果的搾取・支配の正当化の手段である。
竹中	短時間労働者としての社会的地位の格づけを明確化することが喫緊の課題である。組合の取り組みを評価。

深められるべき貴重な論点であることは疑いようもない。そのうえで、以下では総括的な整理をしたい。

神田以外の論者は、現実的な課題として第一に《組合への組織化⇩啓蒙・教育⇩正規労働者との共闘》という路線を設定している（神田も「組織化」の必要性自体は論じている）。パートタイマーを現状のような供給過当で未組織の低賃金労働の状態に置いておくのは、当事者にとっても、また「労働者一般」にとっても不利益なことであるという認識が強い。そこではパート労働者は、「救い上げるべき、資本による搾取の深刻な被害者」と見られると同時に、「労働者一般の〝足を引っぱる〟（賃金・労働条件を下方へ落としていく）やっかいな要因」とも見られている。ここで見た論者たちはみな、これを「切り捨てる」のではなく「吸収（包摂）する」という方策をとる。それによって、女子労働者一般、ひいては男子労働者の低賃金構造まで含めた、資本のシステムを問題化し、変革していく可能性を見たのである。ではその組織化の現実の進行具合はどうであったのだろうか。塩田咲子［一九八五→二〇〇〇］によるまとめを見てみよう。

労働運動の側からすれば、パートタイマーの待遇改善を遅らせたのは、パートタイマーが企業と交渉をもてない未組織労働者であり、既存の労働組合もまた長年パートの労働条件については無関心であったことをあげねばならない。労働組合のナショナルセンターが、パートタイマーの組織化や待遇改善に本格的に取り組み始めたのは一九八〇年前後になってである。パート比率の高いスーパーなど流通業界でまず組織化が開始されたのも、その直接的契機は組合構成員たる正社員が減少して組合の存続、機能さえ危うくなるという事態に組合幹部が危機感をもったことにあるともいわれる。

〔塩田、同、五〇頁〕

この言及にもとづけば、つまり、本章で見た論者たちの提起の時点から、実際に組合側が動き始めるまでには、約一〇年の年月を要したことになる。言うまでもなく、その間、パート労働者の権利を擁護してくれる主体は現れなかった。ここで一つ追記すると、実は、前節で見た論者たちよりも早い段階で、パート労働者・組合双方の意識を明示したうえで組織化の方向性を打ち出していた論者がいた。山川菊栄である。本章では山川の論考をとりあげはしなかったが、以下に関係する箇所を引用しておこう。

昨今日本でふえているパートタイマーは雇用側の条件として期限つきが多く、一、二ヵ月、三ヵ月等。必要があればそのつど契約を更新し、なければ簡単に首きれるので、雇主にとってはきわめて有利で、合理化過程の中に、いろいろの保護法規に守られている正規のフルタイマーをへらして、無権利のパートタイマーをふやし、団結力を弱めていこうとする意図は明白です。だから時として短時間どころか、規定の時間をこえて残業までやるのもある。外国でもただでさえ婦人、ことに既婚婦人は職業と家庭の二重負担で組合運動には消極的であるところから組合員としては信頼されない傾向がありますが、ことにパートタイマーときては、意識の低調な、無関心な、ともすれば仲間の足をすくいかねない異端者として排斥されがちであり、雇主の中にはパートタイマーはフルタイマーとの折合がむつかしくて使いにくいとこぼす者さえあるくらいです。パートタイマーの側からいえば、職場の一員とみとめられず、昇任昇格、保険その他の権利を奪われたままで、いつまでいても機械的な労働力の切り売りしかみとめられないわけです。日本の組合が企業組合でパートタイマーのように職場の変りやすい者には、組合員の資格と特典とが、そのつど打切られるのは大きなマイナスで、将来企業別を脱する運動も進めなければなりませんが、パートタイマーを排斥してもなくなる者ではないので、同じ組合の傘下に組織し教育する努力こそ必要であり、効果的でもありましょう。

パートタイムは妥協にすぎない。今日の生産力をもってすれば、男女とも週三〇時間の労働で優に国の経済は成りたつのだから、すべての労働者が今日のパートタイマーなみに時間を短縮すべきだ。　〔山川、一九六五、八頁〕

この、組合による組織化の方法論的・組織論的課題と現実の問題点・実態の検証は、さらにそれ以外のオルタナティブなパート労働者による自律的運動の発掘作業とともに、今後なされるべき課題である。また、「時短」問題とパート問題とを連動させた議論も、この後どうなっていったのかを改めて確認する必要がある。

次に注目すべき視点は、主婦が家庭責任を負わされていることによってパート就労を選択し／せざるをえず、過当供給のパート市場に殺到し、〝主〟たる家庭責任の〝副〟業（＝家計補助）としてのパートであるからこそ低賃金・悪条件を受け入れて働いてしまう、という構造への切り込みである。この視点には第1章で見た「主婦論争」の影響もある程度反映されているはずだが、一つ確認しておきたいことは、どの論者も、この構造は問題にしつつも、「主婦が家庭責任を担うこと」それ自体は否定していないことである。したがって、家庭責任と折り合いのつけやすいパート就労の性格それ自体は、全否定するのが難しくなる。そこでむしろ、この矛盾を多くの女子（主婦）労働者が体験／実感することが未来の労働運動の起爆剤になるとして期待をかける傾向があったわけだが、こうした思考の問題点の検証と同時に、そうした提案をふまえたうえで実際になされるべきであった細やかな構造分析を歴史的・現在的に展開していくことが今後要請される。

続いて、「同一労働同一賃金」という主張と攻めかたについてである。神田・藤井・竹中が、文脈は微妙に違えど、この主張をしている。竹中は賃金格差の構造分析から特に「同一労働」（均等待遇）の重要性を訴えているが、神田と藤井はフルタイマーとの同賃金〝率〟（均衡処遇）を重視しており、パート就労の立場や労働の量・質までを引き上げようとしているわけではない。当時現実的に主張として押していく可能性を強くもっていたのは後者のほうであろうが、双方の趣旨がそれぞれ現実的にどう反映されていったのか、いかなかったのかを整理することも必要になる。[13]

最後に、パート就労という形態を、克服されるべき過渡的労働形態と見るか、将来的に女性の自己実現の可能性を秘めた新しい働きかたと見るかの、ニュアンスの差がある。大まかにいえば、後者のニュアンスを積極的に前面に打ち出したのは神田のみである。のち

13――この問題では実際いくつかの裁判例などが知られているわけだが、この攻めかたがどのくらい可能性をもっていたのか、またどのようなものであるべきだったのかについての検討は、別稿に期したい。

に「ビューティフル・パート」論として大きな影響力をもつ立場の先駆けであるが、これをたんに前者の視点に対立させて（悲観×楽観図式として）片づけるのではなく、前者の視点と接続する潜在性を確認していくことで、この時期のパート労働評価総体が共有していた課題と可能性を明確にできるはずである。

まとめにかえて

以上、やや冗長ではあったが、各論者の主張をなるべく直接的に理解できるよう紹介したうえで、何が問題として共有されていたのか、どこに論調の差があったのかを簡単に確認してきた。論点によってはかなり重複する部分もあるが、そこに微妙な差異も存在する。たとえば「組合への組織化」という一言をとってみても、論者によっては、パート労働者自身が主体的に闘争できる運動・組織形態を展望しつつ組織化を推奨していたりするなど、硬直した図式には収まらない柔軟な提言も実はなされていた。「均衡」処遇を求めるか「均等」待遇を求めるかというような差異も、論者間に見受けられる。このように、パート労働への「評価」のありかたを微細に検討しなおすことは、現在的な課題の検討にもつながる多様な試行の「可能性」を発見し確認する作業でもある。まだまだ不十分な検討ではあるが、ひとまずここで区切りを設けたい。ここで出てきた論点が、実際にパート主婦当事者による運動の中での自己規定・問題化・戦略構築の場面でどのように発現してきたのかについては、主に第5章で明らかにする。

この章で扱った内容は、先の四分類にあてはめれば、Ⅰ「職場進出論」・Ⅱ「主婦天職論」・Ⅳ「構造的貧困論」が、複雑に入り組みせめぎあう力学の様相であったといえる。この整理は終章で改めてすることにして、次章（第3章）では、Ⅲ「運動主体論」に該当する主婦たちが、（パート就労が常態化する）一九七〇年代にいかなる試みを地域で行なっていたのかを確認していく。

3 「主婦性」と格闘／葛藤する主婦
——一九七〇年代、東京都国立市公民館での実践

「主婦であること」とは、いかなる状態を指し、いかなる意味をもつのか。

この問題は、日本の婦人論、女性解放思想の流れのなかで、つねに上位の主題として見なされつつも、根本的な解答あるいは了解形成はつねに先送りにされてきた。第1章で見たように、もっとも大きな論争である「主婦論争」（一九五五～七〇年代前半）においても、主体たる主婦に投げかけられたのは主に——主婦も男と同様に働くべきだ、いや主婦という天職を第一にすべきだ、主婦は働かなくてよい条件を利用して市民運動に力を、といった

――心構えを説く「～すべき」論であり、当の主婦たちがいかなる「状況」に置かれているのかを的確に示し、社会的な課題と連関させて問題を設定する成果は少なく、かつ前面には出なかった。[1] その後の、既存の「女（おんな）」概念を打ち破らんとするウーマンリブ運動の展開（一九七〇年一〇月以降）や、「女性の自立」を促す「国際婦人年」（一九七五年）理念の拡張[2]などにより、「主婦」の存在意義＝アイデンティティはさらに揺さぶられることになる。

　こうして、戦後日本においては、「主婦であること」が、「女の幸せ」の度合いを測る指標から、未解放状態にある女の「遅れている」度合いを測る指標へと、価値転換させられる流れが徐々に醸成されてきた。そのせめぎあいのピークにあったのが、一九七〇年代である。一九八〇年代に入ると、斎藤［一九八二］、円［一九八二］といった著作が話題になったことに顕著なように、「主婦であること」を一種の病理的な分析に落とし込んでいく傾向

1――ただし、主に第一次論争における嶋津千利世と田中寿美子の論考、ならびに第三次論争における林郁と伊藤雅子――この章で対象とする人物――の論考は、その限界を乗り越えたものとして評価できる。

2――一九七六～八五年の「国連婦人の一〇年」において、日本国内では、（受動的・消極的な意味合いの強い）制度面の整備だけでなく、民間の側から意識啓発の面においても多くの取り組みがなされた［鹿野、二〇〇四、参照］。ただしその功罪は今後、より明確にされねばならない［村上、二〇一二b］。

が見られるようになるが、その手前の一九七〇年代においては、この価値観のせめぎあいと、それに対応して引き裂かれつつある自らのアイデンティティとを、主婦当事者たちが状況規定から捉え直していこうとする実践が、試みられていた。この第3章では、この七〇年代の実践の内容を検証することにより、主婦当事者たちの自律的な①思考の追求、②問題提起、③葛藤そのものの問題化の過程を浮かび上がらせ、その意義を確認していく。

分析対象とするのは、一九七一年一二月から七二年三月にかけて、国立市公民館（東京都国立市）で行なわれた市民大学セミナー「私にとっての婦人問題」の記録である『主婦とおんな』〔国立市公民館市民大学セミナー、一九七三〕である。ここには、主婦自身による手探りの模索から出発した「主婦」／「女」のアイデンティティの解体・再構築過程と、その際に不可避的に惹起される葛藤のありようが、克明に記録されている。

この対象を選択した理由は、第一に、特定のメディアや思想・運動の枠組みを前提にしておらず、したがって参加意識もまちまちな主婦層のグループワークの成果を、まとまった状態で確認できるからである。[3] 第二に、この『主婦とおんな』という成果が、その後に本来このセミナー（の参加者）とは直接関係のないリブ運動に影響を与えていることが確認できるからである。よって本章では、この成果が日本の女性解放運動においてどのように発展的に継承されたかをも、あわせて考察していきたい。

「主婦的状況」の探求

目的・問題意識

『主婦とおんな』は、前述のとおり市民大学セミナー「私にとっての婦人問題」の記録であり、「四ヵ月間計一五回のセミナーの間、互いの心おぼえのために毎回録音し、その要約を書き出してコピーした「メモ」No.1〜No.15をもとに、セミナー終了後の一九七二年四月から九月までかかって復習をかねて」〔伊藤、一九七三a、五頁〕、企画者である公民館職員の伊藤雅子《いとうまさこ》（本書第1章・44頁参照）とセミナー参加者たちが再編したものである。

このセミナーは、「他のすべての国立市公民館の活動と同様、「くにたち公民館だより」（毎月五日発行、市内全家庭に配られている）を通してその企画が紹介され、メンバーが募ら」〔伊藤、同頁〕れた。セミナーの募集文〔「くにたち公民館だより」一九七一年一一月号掲載〕は次の通りである。

3――たとえば、これ以前の段階の主婦自身による主体構築実践の研究に中尾〔二〇〇九〕があるが、この対象は『婦人公論』というメディア的規定条件の土壌の上にある。

市民大学セミナー「私にとっての婦人問題」

真剣に生きようとする多くの女たちをとらえている問題の一つは、女であることがそのまま人間であることに直結しないもどかしさです。これは一体、何でしょうか。何に起因しているのでしょうか。

結婚の現実、子どもを生むこと育てること、主婦としての日々、女の自己実現と母としての役割、女が働くことの意味等々、日常的な体験や実感の中に含まれている大事な問題を探りながら社会的なひろがり、歴史的な流れの中での自分自身をたしかめ、考え合いましょう。

一般論やたんなる知識としてではなく、実生活の中の、あなた自身にとっての女の問題――そこからはじめたいと思います。もろさわようこさんの助言を得ながら、共同討議を中心にすすめます。

〔伊藤、同、五－六頁〕

「メンバーとなった二五人は、いずれも既婚女性で、二二歳から三九歳まで、ほとんどが三〇歳前後の家庭の主婦であり、乳幼児を抱えた母親」で、「このセミナーは、セミナーとはいっても大学の演習のようなものではなく、また国立市公民館が続けてきたそれまでの市民大学セミナーとも異質のもので、予め用意されたプログラムもなく、講義中心でもなく、テキストも定めず、メンバーが、自分のことを話し、その中から問題をみつけ、自ら問題提起をし、互いに受けとめ合おうというもの」〔同、六－七頁〕であった。

その中身を見ていこう。まず伊藤は、セミナーを始めるにあたって、自らの問題意識を以下のように述べている。

伊藤　私は、主婦の問題が女の問題の一つの集約であると思っています。家庭の主婦は、一見円満そうに暮していたりすると、女のあるべき姿というかモンクはないはずということになっていて、疑問や不満をもつのは当人の心がけのせいにされがちです。また、主婦自身も自分が我がままだからと考えたり、そのつど、気をまぎらせたりして、問題のありかをたしかめられず堂々めぐりに終ることが多いのではないでしょうか。居直ってしまうこともあるでしょう(笑)。それに、働いている人も未婚の人も主婦であることの役割や規制から全く解放されている人は少ないと思うのです。私自身の中でも主婦であることの比重が重いし、公民館の仕事の上でもなおざりにできない問題だと思っています。これが私の〈私にとっての婦人問題〉であり、このセミナーを考える時の視点でもあります。

〔国立市公民館市民大学セミナー、一九七三、一七－一八頁〕

ここからは、「主婦」の問題を、①「女」の問題として、②自ら（私）の問題として、そして③社会構造の問題として考えていこうとする姿勢が読み取れる。そしてその視点を、セミナーを構成する際の基軸とする旨を打ち出している。

一方、一般の参加者の参加動機には以下のようなものがあった。

武田てるよ　［…］自分は結婚から新しい人生がはじまるんだと思って結婚したのに、子どもが生まれてしまったら、自分の老後のこと以外にないというほど、先が見えてしまったような気がする。そんな自分が一体これから何ができるか、何をしたらよいかがいまの私には最大の関心事です。ただ一つ言えることは、いろんな女の人の状態や考え方、きもちをわかるようになることで私自身せめて他の人の足をひっぱってしまうことがないようになりたい。私がこういう場にきて、いちばん求めるのは、知識とかなんとかではなく、女同士が互いにやさしい気持でわかり合う、というか……、そういうことです。

〔国立市公民館市民大学セミナー、同、二三頁〕

友きみよ　［…］今の私は、子どもがまだ小さくて、母親である私を必要としているので、絶望的な虚しさ、孤独感を味わうことはないが、子どもが大きくなったときのことを考えると、こうしてはいられないと思う。これまでの女に対する固定的なイメージではなくて、本来の女とは、ということを考えたい。そのことによって、自分自身を客観的に知ることになるのではないかと思う。〔同、二三―二四頁〕

発言からは、問題意識というよりも、より漠然とした将来への不安感や焦り、問題の「わからなさ」が参加を決めた要因として読み取れる。また、あるべき女の生き方を知りたい、という古典的な欲求を抱えつつも、それは「主婦論争」にあるようなお仕着せの論を受容するかたちではなく、多くの女たちを知るなかで自分なりに獲得していきたい、という主体性をもっていることがわかる。

セミナーでは、メンバーが出しあった「私にとっての婦人問題」のなかから共通項を括り出し、①主婦と老後、②主婦と職業、③夫との関係、④子どもを生むこと、の四つの小テーマを設定した。そして小テーマごとに分科会をつくり、分科会単位で事前討論をしてレポーターを決め、各レポーターがセミナー全体の場で問題を提起し、それを受けて全員で議論する、という形式がとられた。▽4

「主婦的」なるものの発露

伊藤は、「職業」に関する議論の後、「きょう出された職業についての考え方の多くがいかにも主婦らしいアプローチの仕方、発想だったと思う」と述べたうえで、「その意味で、きょう出された問題は、職業の問題を考える場合だけにとどまらず、主婦が抱えている問題を考える上で大きな意味を含みもっている」と述べて、それが「どのように特徴的であったか」〔同、七五頁〕を、以下のように列挙している。

○主婦専業であることへの不安、不満、疑問がそのまま職業志向という形であらわれている。
○しかし、働くための条件がととのわないので実行にふみきれない。
○時がくれば解決すると思っているのだが、現状に満足しきれない。
○そして、自分と夫との関係の中だけで考え、さらに自分だけのこと、自分と他のヒトとはべつ、私がわがままだからというふうに個別的に考え、なかなか普遍的な問題としてとらえられない。〔同、七五－七六頁〕

そして伊藤は、いま彼女ら＝主婦が働きに出ることを妨げている「女自身の内的な理由」

〔同、七六頁〕として、以下の点を挙げる。

○従来の家庭のあり方、つまり夫が稼ぎ、家事育児は妻の責任という考え方を変えないで働くことを考えている。そして、働くことを妨げているものについて、自然に、あるいは誰かの手によって条件が変わるまで仕方がないと決めこんでいる傾向がある。

○自分でも、なぜ、どれほど働きたいと思っているのかあいまいで、マイナスの条件を克服する原動力が出てこない。

○現状を変えたくない気持。変化への不安や、おっくうさ、安定を求める気持。〔同、七六頁〕

こうした指摘からは、いやおうなく、主婦自らの内向的、非自発的、責任（リスク）回避

4——結果として、四つの小テーマの区分は、議論の場においてはそれほど実態的な意味をもたなかった。どのテーマの議論でも、他テーマと横断した内容の話題が展開している。したがって、これからこの章で行なう引用がどのテーマにおける発言・記述であるかを特に留意する必要はない。

的、視野狭窄的な傾向が明るみに出される。

特に、「普遍的な問題として考えられない」ことに関しては、参加者の以下のような発言がそれを裏づけている。

〔赤塚頌子〕○めだつのはいやだと思う一方、「自分だけは違う」と思っている。普通の奥さんとは「違う」と思い、同じような状況の中にいる主婦の共通性を認めない。つまり自分を客観視しにくいのではないか。それは自分たち主婦のおかれている状況を自覚しようとしないからではないだろうか。〔同、四九頁〕

しかし逆にいえば、参加者はすでにこのように自らの特徴や傾向に気づいていたことも事実である。そのうえで伊藤は、彼女らがあらゆる面において、とかく「自分」を「ひと」――生活のために働かねばならない「不幸な人」や、「条件がととのって恵まれている人」――とは「べつ」だと無自覚的に位置づけていることを指摘したうえで、「しかし、ほんとうにべつなのでしょうか」〔同、七七頁、傍点は原文〕と問いかける。こうして伊藤は、参加者の意識を、自分――「主婦」らしい考え方をしてしまう自分――をより客体視する方向へと、無理なく誘導していったのである。

「主婦的状況」の捕捉

ここで、伊藤の問題意識を再度確認することで、このセミナーが問題とする——もしくはこのセミナー自体が問題そのものの場となる——はずであったテーマを、改めて確認してみよう。以下の伊藤の記述は、最初に見た自らの意思表明の発言とは異なり、セミナー終了後に総括として書かれたものである。

このセミナーのテーマは「私にとっての婦人問題」つまり参加者一人一人にとっての婦人問題であるが、企画者としてはメンバーには既婚女性を中心に想定し、そのフィールドを「主婦である」ところにおきたいと意図していたことは、「公民館だより」の募集文などからも容易にうかがいとっていただけると思う。しかし、それは、公民館に集まるのは主婦が多いから、結果的に主婦が来るから、ではない。端的に言うなら、主婦をこそ問題にすべきだと考えるからだ。

私は、主婦の問題は、女の問題を考える一つの基点であると考えている。現在主婦である女だけでなく、まだ主婦ではない女も、主婦にはならない女も、主婦になれない女も、主婦であった女も、主婦であることが女のあるべき姿・幸せの像であるとされている間は、良くも悪くも主婦であることから自由ではない。少くとも多くの女は、主婦であることとの距離で自分を測ってはいないだろうか。幸せだ、恵まれていると言われている都市の中間層の主婦自身が抱えている問題に目を向けようとするのは「底辺」の女や働く女の問題とは別個に主婦の問題を考えているからではない。主婦であることが女の生き方の正統であるとされている限り、主婦が負わされている歪みや痛みは、他の多くの女のそれと同心円を形づくっているのではないか、すべての女に投影しているものではないか、と思うからだ。

〔伊藤、一九七三b、二一五―二一六頁〕

このように伊藤は、「主婦の問題」を、主婦だけの問題ではありえないと位置づけ、「すべての女」の問題として捉える必要を説く。「底辺」の女や働く女の問題と主婦の問題との接続の可能性まで探る。では、総括的に見て、これがセミナーという試みにおいてどのように結実したのだろうか。それは、《「主婦」による「主婦」の発見》という作業の成果として表出する。

たとえば次の発言は、伊藤の問題設定への一つの応答例として評価しうるものである。

武田［てるよ］（松本［賀子］さんに）外に出ていればもう少し解決方法があったと思いますか。私が勤めながら感じていることは、勤めるという事は通り道が一つ増えたようなもので主婦であるという束縛は残っているのです。そういう束縛を全部しょって、主婦のまま勤めていたのでは、空気の穴があるというだけの違いで、その点では大した変わりはない。［…］私みたいにただ、社会に出たからといってそれだけでは解決されないことが多いのではないかしら。　［国立市公民館市民大学セミナー、同、五一頁］

これは、「職を持って外で働く」ことを主婦が実態を知らず理想化しがちなことに対して、「働く主婦」という立場にある武田が、自身の「主婦」としての「束縛」状況を強調して警告している例である。これは参加者間のやりとりから生まれた、貴重な成果の一つである。

　そして、参加者たちがこのような試行錯誤から導き出した思考のうち、そのエッセンスが集約された表現として捉えうるのは、以下の発言である。

［渡辺行子］私は仕事をしているといっても主婦であることには変わりはなく、家事をひっさげた上での私の仕事であるわけです。私が家でする仕事だから、内職だから家のこと一切引き受けてやるのが当り前だと家族にも周りの者にもみられていな

がら、それでもなおべつだとみられることに矛盾を感じます。主婦であるという点においては、家庭にいる人とべつとは私には思えないのです。

〔…〕多くの場合、働く女の人はさまざまなことをのりこえて働き続けているのだと思います。ということは、働いている女の現状は「条件がすべて整った上で働く権利を行使している」というような状態ではなく、それらのしわよせは、やっぱり全部女自身がかぶり、背負いこんでいるということです。

内職の人もパートの人もフルタイムの人も、働く権利とはほど遠いところで働き、そこからくるさまざまな問題も、それぞれが個別的に解消しているのだと思います。だから、働いているからといって特別だとはいえないし、主婦的状況とは、働いている、いないを問わず既婚の女の人のほとんどに言えることだと思います。

〔国立市公民館市民大学セミナー、同、八四－八五頁、傍点は原文〕

「主婦的状況」という、象徴的な状況規定用語がここで現れる。おそらくこの時点では、渡辺は特別の意識をもってこの用語を強調したわけではないだろう。しかし、先に伊藤が提起した課題的な呼びかけに見事に応えるかたちで、「主婦」であることとそれに必然的に付随する状況を総括的に捉えるための最適な言葉を、渡辺は産み落としたといえる。もう一例、参加者の発言を見よう。

友　孤独にたえきれなくなって結婚した私は、虚しさを感じながらも幸せだと思っていました。やっと安住の地を得た私にとって、それをこわすことはとてもこわかったけれど、見たくない、聞きたくないと思っていたものをこのゼミで無理に目を向けさせられた思いです。このゼミで今私がこうして働かないでいることは、社会においては悪であるということを教えられました。私は大人であるにもかかわらず税金を納めておらず、しかも夫の納める税金の控除の対象になっています。私よりもずっとずっと免除して欲しい人の納めた税金で、私の生活がささえられて来た矛盾。社会の底辺に置かれた人よりも、身障者の人よりも私が楽な生活をしてよいのでしょうか。働かなくてよい状態だから働かない等といっていたことを恥ずかしく思います。それから、家事についてのレポートを書いたとき私は風邪で寝込んでいました。そのため夫はめずらしく家事や子どもの相手などもひきうけてくれた。そのことは、日頃家事をすることで、自分がいかに侵されていくか――と考えていたにもかかわらず、夫のちょっとした態度で幸せな気分になり、本当の姿が見えなくなってしまっていました。つまり、私はいつもいつもそういう危険にさらされてしまいます。私こそ、主婦的性格そのままだということがわかりました。

〔同、一八三頁、傍点は原文〕

友が言う「主婦的性格」とは、渡辺が提起した「主婦的状況」とは重なりつつ、さらに進んだ意味を含んでいる。友は、自らの「主婦」としての状況／性格を反芻すること、そこから何かを考えようとすること自体も、つねに「主婦的」であることから逃れられないことを強調しているのだ。

ここには理論というべき客観的に屹立した言説の姿はない。一見私的な印象把握にすぎない発言のようにとりうる。しかしその発言のなかで／過程において、「主婦的状況」はつねに内在し、それを自ら認識することによって初めて当事者による主婦的状況の問題化が可能になるのだということが、如実に示されている。

「主婦的状況」そのものの問題化

このセミナーは、問題に取り組むと同時に、セミナー自体が問題そのものの場となることを目指したものであったといえる。つまり、「主婦的状況とは何か」を追及する作業そのものが「主婦的状況」と共にあるのである。

逆に考えれば、主婦は、主婦的状況にあるがゆえに、日常では主婦的状況を認識－共有－受容することができない。主婦的状況にあるがゆえに、自らが主婦的状況にあるという「事実」を突きつけられると混乱に陥る。そこで、先の友のように強い葛藤が生じるのである。

では、そうした葛藤を各人が引き受けつつ、さまざまな問題に目を開かせるには、どのような水路づけが必要なのか。以下のやりとりからその答えが見える。

伊藤　〔…〕私が大事だと思うのは、家事や育児というものがもっている性質と女の意識との関わりに目を向けること。これを一つ、考えに入れる必要があるのではないでしょうか。

もろさわ　それは家事を現状のままのものとして考えるのですか。社会化や合理化することは考えないのですか。

伊藤　いいえ、部分的な社会化や合理化だけではかたづかないような、つまり、労働量の問題としてではなく、家事というもののタチの悪さというか、そっちの方なんですけど……。たとえば、家事は、一日中いつも散在していて時間的にも空間的にもコンパクトにかたづけられるようなものじゃないでしょう。いくら合理化したって朝七時から正午までに家事・育児を全部集中するなんてことはできない。だらだら続き、しかも中断ばかりされる。いつも、からだをあけて待ってなくちゃいけない。そんな中で、女は集中してものを考えられなくなったり、論理的でなくなったりしてはいないでしょうか。これは、たとえば、家事労働には経済的な価値があるかないかとか、分業か否かといった議論だけでは浮かびあがって来ないものではないでしょうか。

〔国立市公民館市民大学セミナー、同、三七－三八頁〕

ここで伊藤が強調しているのは、「論理的に解決しないこと」としての主婦的状況への視座である。それは同時に、主婦的状況に起因する課題を「論理的に解決しようとしないこと」をも意味する。もちろん、問題は（社会的な）問題としてあり、それは「解決」すべきではあるが、「解決」を先に目的化してしまうと必然的に主婦的状況の本質と錯誤が生じ、結果、問題自体を見誤ることになる。伊藤はそれを慎重に避けるよう促しているのである。

こうした流れから、以下のような発言がうまれる。

武田［てるよ］　いくら心がけをよくしたり、一人で勉強していたって、そういう生活の中ではネガティヴでない生き方なんてできないようなところがあるでしょう。そういう自分を正視することぬきに「生き方は」とか「理想は」とかいったって私たちに関係のない話になっちゃう。

［同、三八頁］

近藤［美智子］　状況の中で女が変えられたというのも事実だけど、それが一方的に行われただけでなく、自分の方からも応えていったという面があると思うんです。必ずしもいつも受け身じゃない。無意識のうちにラクさの中に逃れるみたいな……。

［同、三八頁、傍点は原文］

両者とも、（しばしば主婦に押しつけられる）「この問題はこういう仕組みで、だからこう解決すべき」というような思想、言説に対して、「主婦（的状況）」を生身で生きているその立場から、忌憚なく意見している。それは、「理屈に対する本音」というような次元よりもより高次の段階に入っている。自らを客体視するという過程が入っているからである。

こうした発言を引き出したのは、伊藤による進行方針が大きく作用している。伊藤は、このセミナーで、「問題を女の外［…］に求めるよりも、日常生活や女自身の意識のひだにまぎれこんで女を縛っているものを洗い出し、内在する矛盾と外的な状況との関わりをたどりながら差別の相貌を見ようとした」〔伊藤、一九七三b、二一六頁、傍点は原文〕という。そのうえで、その方法論を以下のように述べる。

そのための方法としては、協同しながら自己表現をくり返すことに重きをおいた。狭い生活圏の中で孤立し、自分の表現力、自己主張の手段を奪われているということが現代の主婦のおかれている状況の重要な側面であると思うのだが、そうだとすれば、協同や自己表現の力をとりもどそうとするそのプロセスがそのまま主婦の問題を浮かびあがらせはしないだろうか。〔伊藤、同、二一六－二一七頁〕

一人一人がそれまでの主婦の生活時間や生活感覚の中にこれらの作業を具体的に組みこんでいくプロセスが、主婦である自分を問うていく認識の変化のプロセスと無縁であるはずがないと思った。そこで、日常の問題をテーマ・内容にしながら、非日常的な姿勢や方法でとらえ、それをまた逆に日常化していく。対語のようにいうなら、日常の非日常化、あるいは非日常の日常化を意図し、そのプロセスを重んじようとした。〔同、二一八頁、傍点は原文〕

〔「しないでおこう」としたことの一つは〕「もっと本音を」というような迫まり方はしないこと。それは、このセミナーでは、「どこまで言えたか」が問題なのではなく、なかなか言えないし、聴きとれない、またなぜ言えないのか、なぜ言おうとするのか、言ったつらさ、言わなかった苦しさ等々を含めての「言い方」「聴き方」をそれぞれが意識することに意味があるのだと思ったから。

〔同、二一八―二一九頁〕

こうした試みは、結果として、以下のようなかたちで実る。二つとも伊藤の述懐である。

私たちは、このセミナーをとおして自分のことを自分で言うこと、言うことで自分を見ることをくり返してきました。なんとよく言えないことか、なんとよく聴けないことかを思い知らされどおしだったともいえます。また終始、自分であること、「私にとって」ということにこだわり続け、そのことによっていっそう人と人との関わりの中に自分が在ることを実感することができましたが、もう一方では、自分が主婦であること、主婦的になっている自分の重たさを否応なく見させられてしまいました。

〔伊藤、一九七三a、七頁、傍点は原文〕

この記録に記された一人一人の、一つ一つの発言の内容そのものよりは、なぜここでそんなことを言うのか、なぜそんな言い方をするのか、なぜそんな言い方しかできないのか、なぜ黙っているのかをたぐりよせてみるとき、そこにこそむしろ、主婦である女たちの、あるいは女の内なる主婦的であるものの実像がくっきり浮かび出てくるように私には思えてならない。〔伊藤、一九七三b、二二三–二二四頁、傍点は原文〕

目的は、そもそも、主婦的状況を克服することなどにはない。それを「見させられる」、その「実像」を「くっきり浮かび」出させることだった。言い換えれば、「結論」を出したり、それを何らかの「理論」に仕立てあげたりすることをしない段階にあることは、低レベルなわけでもなければ、未完成な状態でもないのである。その段階にとどまることこそが、「主婦的状況」を「主婦的状況」的に捉える唯一の道筋であり、「到達点」なのである。[5]

総括的にいうなら、「主婦的状況」の特徴とは、その捉えどころのない茫洋さ――それはつねに不安を湛える――にあり、主婦自らが主婦的状況を見いだすには、その茫洋な世界の只中にあって定点を直視する――それは葛藤をともなう――しかない。主婦的状況を自覚的に生きることとは、日常の生活世界をいったん批判的に自己確認しなおしたうえで、現状を脱出する「抜け道」を探すのではなく、ひたすら自らの立ち位置を外側から――「働いている」自分はいかに「主婦」の自分と異なるのか／重なるのか、というように――、かつ内側から――他の女たちとの差異を「区別」の意識に転化することを抑止するため、広く「女の内」に内在する／させられている課題を見据えて――顧みることを前提にした思考の営みを継続することなのである。

その後の「主婦的状況」をめぐる問題提起

この節では、『主婦とおんな』が発刊された一九七三〔昭和四八〕年以後に、どのような「主婦的状況」をめぐる模索が女性たち自身によってなされたかを確認する。

一九七六年三月に発行された、ウーマンリブを代表する理論誌『女・エロス』第6号は、特集を「主婦的状況をえぐる」とした。その巻頭言では次のような提起がなされる。

創刊当時、私たち編集メンバーは、特集に主婦問題はとりあげない方針で一致していた。男からの自立を歩み始めていた私たちにとって、主婦的生活とは、女の産む性をよりどころとした自己保身的、排他的意識をうむものでしかなく、そのような意識は、社会がかくあれと規定する女の像に自縛されることによって、女が人として対等に生かされてこなかった歴史に抗う力にはならないと、確信していた。だから、主婦的生活には何の魅力もなく、それに目をむけることは、私たちの歩みをおしとどめる以外のなにものにも見えなかった。

自らが主婦的生活を拒み、主婦的意識をそぎおとしていくことと、主婦としてでなく、自立した一人の女として、私たち自身の生と性を切りひらいていくこと、そして同じ想いの女たちと手を結ぶことを願って「女・エロス」は産ぶ声をあげた。しかし、号を重ねるにつれて、私たちが拒否しようとした主婦的生活、主婦的意識そのものから私たち自身も決して自由ではないこと、自分と「主婦」を距離で計りながら、自分の生き方をさぐっていることに気づいた。

社会が、女を「主婦」としてうみだす構造にあり、女は産まれるや否や、主婦予備軍としての教育・文化の中で成長していく状況を私たちは〝主婦的状況〟とよぶ。すべての女、いや男でさえもこの〝主婦的状況〟から無縁ではない。〝主婦的状況〟の中では、どのような性も無残である。解放と自己破壊が表裏となるエロスの女神は、いまどこに深々とねむっているのであろうか。それは〝主婦的状況〟に抗う女

5——このセミナーでは、「助言者」のもろさわようこ（女性史研究家）が大きな役割を果たしている。しかし本章ではもろさわの発言をピックアップして検討材料とすることはしなかった。もろさわのコメントは、つねに——本人の、そして伊藤の意図とはおそらく別に——教条的な意味を帯びた「解答」として投げかけられる。その「正論」のもつ役割を無視することはできないが、しかしそれはこのセミナーの本来的な意義からすればあくまで「脇役」、やや大げさにいえば「必要悪」的な存在となるべきものであった。したがって、本章ではあくまで一般参加者の発言・記述を中心に検証している。

もろさわと伊藤ならびに参加者との間の意識のずれが確認できる例として、「（主婦的）状況をみる」ことをめぐる以下のやりとりの過程を挙げておく。

伊藤　それでは［…］四つのテーマにくぐらせながら、女の状況をみて、問題のありかを探っていくことにしましょうか。

もろさわ　状況をみるだけでなく、その状況をいかに越えるかを出し合わなくては……。主体としての姿勢を出さないとグチにおわるのではありませんか。

吉原［恵子］　私は「状況をみる」ということは、外から規定されている条件と主体つまり自分がどう関わるか、関わらされているかをみることだと思っています。だから、当然、主体は出ると……。

伊藤　自分がどのような状況の中にいるかをみる、という操作の中で主体としての姿勢はおのずからあらわされるでしょうね。ただ、「私はこのように状況を越えます」というふうに言えることとは少し距離がありそうですね。見ようとするだけでもなかなかたいへんというのが実感で……。ここでは、どう見るか、どこまで見るか、ということではないでしょうか。［国立市公民館市民大学セミナー、同、三九頁］

たちの湧き立つエネルギーの中に……。

〔『女・エロス』第6号、六－七頁〕

『女・エロス』の創刊は『主婦とおんな』の発刊と同じ一九七三年である。その当初、リブは「主婦」をたんなる遅れた存在、女性の克服課題としてしか見なしていなかった。『主婦とおんな』で公《おおやけ》となった「主婦的状況」概念の提起は、そうした態度をその後ここまで転換させうる――というのが言い過ぎであるなら、振り向かせる――力を保持していたことが指摘できよう◁6。

とはいえ、この特集では、セミナー記録にあったような、「主婦的状況」を個人の苦慮体験の吐露以上のものへと昇華（問題設定）したことによって生じる当事者の葛藤の様相が、明確に表れてこない。全体的に、やはり主婦という対象を「課題」的に見なす立場性と、感傷的な自分語りという二つの要素が混在して成り立っている。もちろん、この特集自体が集団の共同作業によって編まれたものではないという制約はあるが、ここからは当事者＝書き手たち自身による内在的な「主婦」をめぐる葛藤と止揚の相乗効果が抽出できない。

次に検討するのは、一九七五年に結成し、「主婦」でありかつ「リブ」である立場から活動を展開した東京・多摩の女たちのネットワーク〈主婦戦線〉の主張である。〈主婦戦線〉

は、主婦を外部化する傾向を内包するリブ界隈のなかでは異色の存在であり、一貫して「主婦」という自己／総体規定から出発する「女解放」運動を模索した。以下に中心メンバーの国沢静子《くにさわしずこ》による提起を見る。

引用1

女へのあらゆる場での特性の発揮の社会的なおしつけ、換言すれば、〈産む性〉にすぎないものが〈育てる性〉をつけ加えられあわせて〈母性本能〉説によりかかって女の特性として具体的所作としては〈主婦性〉を社会通念として強要されることを〈主婦的状況〉という。

したがって〈主婦的状況〉は女の階層にかかわりなく加えられている〈性差別〉現象そのものである。そこで個々の女にとっては自己に加えられている〈主婦的状況〉を正確に認識する己の状況規定こそが、女解放への戦列に加わる第一の条件と

6——この『女・エロス』第6号では、「特集とびら絵」の描き手として、国立のセミナーのメンバーであった降矢洋子が参加している。しかし降矢がこの特集にあたってどのような役割を果したのかは未詳。

なる。この己の女としての状況規定こそが、労働権の獲得状況の確認（つまり専業主婦なら無職＝プロレタリア失業者と……）と併せてなされることのなかで、女としての階級規定、つまり己の女解放への視座の獲得となる。付言するが、自己の家族の中で妻であるゆえをもって主婦であり男との関係性の中で（家事や家計をどの程度分担しあうとかの……）現在どのような主婦であるかニューファミリーふうとか古風とか超えてるふうであるとかいうことは、〈家族〉内における一人一殺の程度の度合でしかも対関係の男の性質もあることだから女自身がすべて責を負うことではないし、これはその女の〈主婦状況〉である。この〈主婦状況〉を女解放を志すものとして性差別告発の視座から状況規定するなかでようやく、〈主婦的状況〉となる。

現在、自分の家族内ではたしている主婦役割を生きがいとか拠点とか職業と思いこむことで自己を正当化せず社会的な〈主婦的状況〉の一つと客体視してみることがそのきっかけとなる。今まで女たちにこのような社会的・歴史的自己認識が欠けていた。客体化してみれば職業にある者も失業中のものもプロレタリアであることでは同じであり、主婦専業であろうと兼業であろうと既婚未婚、子持ち子なしにかかわらず〈主婦的状況〉であることはまた同じである。

〔国沢、一九七八b、五一－五二頁、傍点は原文〕

ここで国沢は「主婦的状況」という語の使いかたと語のもつ意味とを、かなり綿密に定義づけている。この語は明確に社会的な「性差別」状況を解釈するための装置であることが言われ、さらにその普遍性が説かれる。このように、基本的には国立のセミナーで生み出された成果を継承しつつ、そこに「差別」の意味を強調するところに、高次の段階のリブの思想性が確認できるだろう。

次に、同じく中心メンバーの宮崎明子《みやざきあきこ》の提起を見てみよう。

引用2

女は、母と娼とを一身に体現して、基本的には労働権さえ持てない〈主婦〉であり、存在そのものが、経済性のない子供、老人病人の世話にあたり、時には、未組織労働者としても狩り出される、潜在的失業者として社会構造を支える。

〔宮崎、一九七七→一九七八、四－五頁、傍点は原文〕

「主婦にはなるまい」「主婦になってしまったらその出口を」という様々な女解放

論。女の身体に内在する「産み」を理由に、社会構造が全ての女に課している主婦性を不問にしての解放論は、この階級社会をゆさぶらない。〔…〕どんな口上にせよ、「主婦からの脱出」という発想は、その内側を陰微《ママ》におおいかくし、問い直す作業を怠らせ、やがては、決して産み得ぬもう一方の類、男の論理につながり、この男社会をより一層強固にしていくことにしかならない。〔宮崎、同、六頁〕

女の解放は、〈産む性〉をテコに女総体に課された〈主婦性規定〉を性差別の根源として認識し、主婦的状況のもとに、未組織潜在失業者として生かされている女総体の大状況を確認することが前提である。その後、階層分化された女達が、〈主婦性〉を原点に女総体の解放を視野に入れて、己の日常に主婦戦線を構築することこそが性差別闘争の緒となる。〔同、九頁〕

このように、〈主婦戦線〉は、個々の女の日常の生＝「主婦的状況」が、「女総体」の「社会的労働権」と不可分につながっていることを強調し、①女が「産む性」であることをもって「母性」を課せられ（「主婦性規定」がなされ）「主婦的状況」に落とし込められること、②それによって女は「労働」から社会的に疎外されること、③両者が相まって「性差別」構造が作動・強化されること、④したがってこの構造に対する「闘争」は女みずからの「主婦性／主婦的状況」を基点として構想されねばならないこと、を示してみせたのである。

そして、〈主婦戦線〉の活動のなかで見逃せないのが、一九七八年から翌年にかけて展開された、『女・エロス』第11号編集委員会に対する「女の女差別」抗議闘争である。これは、同編集委員会が宮崎明子に対し「主婦の立場からみた女と政治」というテーマで寄稿を依頼したものの、宮崎の提出した論文「主婦解体論」を掲載拒否したことに端を発する。[7]

この過程において、「主婦」認識における〈主婦戦線〉の思想の特徴がより明確になった。宮崎は、主婦からの個人的脱出を女解放への第一歩とするような姿勢を批判し、「主婦を見据える」必要性を強く主張していたが、『女・エロス』編集委員会側はこれを「主婦的情況にある筆者の自己弁護、弁解」［宮崎、一九七九→一九八〇、一一頁］と受け取った。

〈主婦戦線〉は「主婦性」・「主婦的状況」の（自己／総体）認識を何よりも重視するが、それはまずその地平から「女解放」を志向するための立ち位置として、である。対して、「主婦」という内実の実態的要素とその本質／規定性に重きを置かないリブ（組織）は、まず

7——この闘争の詳しい経過は、宮崎［一九七九］ならびに主婦戦線編［一九八〇a］参照。第4章でも簡潔に触れる。

運動のゴール地点である「解放」に至る「運動の道筋・戦略」を強く求める傾向があるため、認識のスタート地点である「主婦性」・「主婦的状況」そのものに対する注視の度合いは相対的に低くなる。そのため、〈主婦戦線〉のような立場に対しては、「運動の道筋・戦略」の論理展開が弱いという感触を抱くことになる、という関係が指摘できるだろう。

「主婦的状況」概念の使用という点に関していえば、〈主婦戦線〉は、国立のセミナーにおいてなされた議論、アプローチの方法論・フレーム・性格を本質的に受け継ぎつつ、それをさらにリブ運動という「女解放」に向かう水路に流し込む役割を果した。[▽8] この意義は大きいと考える。

また、〈主婦戦線〉は、一九七八年にその活動組織として〈主婦の立場から女解放を考える会〉を立ち上げ、翌七九年には同会が母体となって〈パート・未組織労働者連絡会〉を結成する。同連絡会は、一貫して「主婦」と「労働」の社会的連関性という観点から、具体的な国会請願活動を展開するなど、「主婦的状況」の問題意識を社会制度への提言にまで拡張・延長した、いわば「発展型」を示した活動を担った存在であった［本書第5章］。

まとめにかえて

この第3章で明らかにした当事者たちによる「主婦的状況」の捕捉と概念化の進展について、(ポスト)第三波フェミニズムにあたる現在から見れば——「主婦」・「女」という一括認識の不可能性など——限界は容易に指摘できるように思われるが、しかし、それによって一蹴されてしまうような軽々しい過程・成果ではない。なにより、「女性のライフスタイルの多様化」などというキーワードで名指されるように、当時に増して「主婦」という存在の内実が融解・流動化し〔厚生労働省年金局年金課、二〇〇二〕、同時に非正規雇用やケア・ワークが男性労働者にまで浸透して、労働の場における「主婦的状況」が拡散・侵食している現状であればこそ、改めて「主婦」とは、「主婦的状況」とは、という問いに過去の成果をふまえて取り組むことが要請されていると考える。[▽9]

では以上の内容をふまえて、主に分析視座の整理という面から、今後取り組むべき課題について述べておきたい。

まず、セミナーの手法についての検討が必要になるだろう。それは、こうした一定の「女性」の集団が「集団」として思考を組み上げていく際のツール・システム・人的資源などに関する分析を、そのあいまいさの特徴づけも含めて、公共（性）論や他者性・当事者性をめぐる議論の枠組みのなかで行なうことである。ここで一点挙げるならば、これが主にフェミニズムにおける「コンシャスネス・レイジング」という手法、行為環境とどう重なりどう異なっているのか、といった切り口があるだろう。◁10

次に、世界的なフェミニズム理論の視点からの位置づけである。一九八〇年代にエコ・フェミニズムにより、「労働（力）の主婦化」という概念が提起された［Mies, Benholdt-Tomsen and Werlhof 1988/1991＝一九九五］。そこで言われることと、「主婦的状況」という用語によって指摘されたこととの間には、共通する理念と、まったく前提が異なっている要素と、両面ある。それを検証することは意味ある作業だと考える。

また、同時代の、「主婦」をめぐる問題提起として世界的に大きなインパクトを与えた

8——主婦戦線華組他［一九八〇］における以下の言及から、〈主婦戦線〉による「主婦的状況」という用語の援用の経緯とその後の概念定義に至る意識が明らかになる。やや長くなるが引用する。

う——主婦戦線の呼びかけは、当初は日常を共にできる地域内を考えたけれども、井戸の穴から天井を見ていた女が方々に居て、それが同じ天井だっていうので、思いもかけぬ遠くからの呼応があって驚きだった。つまり、女たちを抑圧している「性」トータルに原因をみよう、それも産んだり育てたりをマ

イナスとはみないで……ということで、各々の重い状況、「乳幼児抱えて動けない状況」を個別の事情とはみない天井が共通していたのね。自分の状況から女総体の状況を視るという共通点ね。

い――そして、この「動けない状況」を切る言葉として使ったのが、「**主婦的状況**」という言葉なの、現代における性の抑圧の一つの表象としての用語よね。この言葉は、『主婦とおんな』の中で、タイプを自営業としているひとが自分の日常を説明する語として使っていたのを私が受け継いだの。当時（74年）、婦民では五・四集会のために事前に勉強会があって、ここに参加した私が、「子育てを機に他者の新陳代謝を果てしなく引受ける」ことの女の状況の重さの形容に使った言葉です。その後、五・四集会をめぐって婦民新聞で応報があった時に、私も、'74・6・14号に「すべての女を解放するための差別告発＝どん底に基準を**！**」を書き、その中で、「**主婦的状況**」を、「個人的に女が家族に娘・妻・母等の肩書で所属する時、又、地域のグループや労働の場にある時、すべて主婦的状況を押しつけられています。社会的に期待されるこの主婦的状況とは、家族の、又は所属集団の他の成員の新陳代謝をとどめなくさせる様々の作業を引き受けることです」と規定して、初めて「主婦的状況」の語が性差別告発の語になったのです。

あ――私も、その集会に居た。そして、この集会での発言とか、「女・エロス」第3号の「私的労働者の自己意見書」での主張、さらに住民広場での合評会での出会い、これが主婦戦線になる……。

う――つまり、「主婦的状況」を撃つ意味の主婦戦線が出発した。［主婦戦線華組他、一九八〇、七九頁、傍点ならびにゴチックの強調は原文による］

9――現時点までの筆者・村上による論考として、村上［二〇一〇a］を参照。

10――なお、伊藤は後年自ら公民館での模索の過程をまとめている［伊藤、一九九三］。

ベティ・フリーダンの著作［Friedan, 1963＝一九六五］の内容や前提としている社会条件、ならびにアンドレ［André, 1981＝一九九三］が詳らかにしたアメリカの「新しい主婦運動」の様相と、ここで見た日本の状況との比較作業も、歴史的な観点から要請されよう。

最後に、高橋［一九八六］、森［二〇〇三］、天野［二〇〇五］、村田［二〇〇六］などによって明らかにされている、日本国内におけるさまざまな社会教育・文化実践の取り組みが形成してきた「文脈」との調整が課題としてある。それは、縦軸（時代）と横軸（空間や活動領域）両面において、この章で確認したこととの関係性／連関性を明らかにし、より布置を明確にする作業である。以上を積み残した課題として挙げておく。

次章（第4章）では、この一九七〇年代のIII「運動主体論」による提起を経て、IV「構造的貧困論」の立場に立つ主婦たちが、いかなる思想と運動を構築していったのかを確認していく。本章の「**その後の**「**主婦的状況**」**をめぐる問題提起**」の節からつなげるかたちで検討に入り、III－IVの連続面を意識しつつ、焦点の中心を再び《労働》へと戻していく。

4

「主婦的状況」を撃て！

——〈主婦戦線〉の／という戦い

この章では、一九七〇年代後半から八〇年代にかけて、「主婦」である「(ウーマン)リブ」のネットワークとして活動した〈主婦戦線〉の思想と運動を整理することを通して、「主婦」という自己／総体規定から出発する「女解放」の模索の様相を明らかにする。

それ以前の戦後の女性(婦人)解放論において、「主婦」という存在・立場は、つねに批判とそれに対抗する擁護言説に晒されてきた[1]。しかし、そうした批判／擁護が想定する「主婦」像は、多くが抽象的なイメージにもとづいており、社会的・階層的な規定が捨象されたものであったために、主体的にも客体的にも「主婦」という存在・立場は、本質的な検証に晒されることはなかった。が、であるがゆえに、保守的な文脈においても、また批判を受け入れつつも自己追認せざるをえない引き裂かれたアンビバレントな心情の受け皿としても、「主婦」という言葉はそれに該当すると一応自認する女性たちのアイデンティティとして機能してきた。その結果、前章で見たような、主婦当事者の動きが生まれた。

ウーマンリブ運動は、基本的な傾向としては、「主婦」を女性解放の過程において克服すべき課題対象として位置づけていた。それはすべてではないにせよ、総じていえば外在的な問題化であり、啓蒙的に「主婦」からの解放の方向性を示し、解放へと向かう個人の自発性を促すという傾向があった。また、「主婦」・「リブ」と並べると、上野千鶴子が「主婦リブ」［井上ほか編、一九九四、二二八頁］という言葉で整理した層を想起されるかもしれない。しかしこれはリブの外部にあってリブに支持を与えた主婦たちのことを指す。いずれにせよ、ウーマンリブ運動にとって「主婦」は、外部化された存在であったことは指摘できる。

そうしたなか〈主婦戦線〉は、「リブ」という立場から／にありながら、あえて自らを「主婦」として再規定することによって、そこに「女解放」の出発点を置いたのだった。この章では、その発想と運動方針の独自性と意義を示したい。

〈主婦戦線〉に関しては、メンバーの文章の部分的な引用とそれへの言及がいくつかあるが、[2] まとまった研究は存在しない。この第4章では、できる限りその全体像が見通せるように、具体的な事例を示していきたい。

〈主婦戦線〉の活動とその思想 (1)

〈主婦戦線〉は、東京都東村山市を拠点として、主に周辺の多摩地域の主婦たちが中心となって運営していたリブのネットワークである。一九七五年二月に、国沢静《くにさわしず》子《こ》、宮崎明《みやざきあき》子《こ》、上原《うえはら》いつ子《こ》の三人が呼びかけ人となって結成された。同年二月二七日より本格的に活動を開始した〈主婦戦線〉は、同日に『家庭解体新書 その一』［主婦戦線編、一九七五］を発行、以降これが基本パンフレットとなる。そこでは「女解放」のイメージと、「主婦的状況をう」ち、「主婦を解体」し、「娼のイメージをう」つためのマニフェストが平易に述べられ

1——第1章で見た「主婦論争」と、第2章で見た「意識の低い」パート主婦への評価を想起されたい。

2——加藤［一九八七］、池田［一九八九、一九九一］、溝口ほか編［一九九五］、菊地［二〇〇五］。

ている。書かれている内容は、当時のリブに共有されていた認識を大きくはみ出るものではないが、特に注目されるのは以下の箇所である。

脱主婦、家事労働の社会的再評価、家事・育児の社会化、機械化、商品化…etc.安易なコトバで、状況の重さをごまかされてはならない。

家父長的一夫一婦制の中で儀式化されてきた家事育児という女天職論用語、その性差別性を容認したままこれを社会化（現体制下では即商品化）することでは納得できない。

［主婦戦線編、一九七五、四－五頁］

これは、「主婦論争」以降一貫して表立って議論されていた主要論点――①家事労働が軽減された現代においては、主婦は外に出て働くべきである。②否、家事育児は主婦の「天職」であるからそれを第一義とすべきである――について、その論点自体に内包される問題性を本質的に批判した簡潔な主張として、評価しうる。

また二月二七日昼、三月八日夜の二回の集会では、[3]「主婦《オンナ》ヲ問ウ」として参加者に以下のメッセージを投げかけた。

結婚していても、いなくても、女らしくと規定される内実は、〝主婦性〟に他ならない。

また、産んでも産まなくても、育てていても育てていなくても、〝産む性〟としての規定がある。

ならば〝子もち専業主婦〟はもっとも抑圧された女たちだ。

ここで闘うことこそ女解放の基幹ではないか。〔国沢、一九七八a、一頁、傍点は原文〕

すべての女たちは「産む性」＝「主婦性」を規定されているのであるから、その「主婦性」こそを「女解放」のための闘いの出発点としよう、という宣言である。これは、以降の〈主婦戦線〉の活動に一貫した基調運動方針である。

しかし、これに対しては参加者から二つの点で批判的な反応がなされた。一つは、「既存の婦人問題的アプローチからいえば、〝主婦〟の存在を否定的にみる性差別としての〈主婦的状況〉の告発は、それ自体わかりにくいという点」〔国沢、同、一頁〕であった。これは、

3――一九七五年二月二七日一三時～一六時、池袋消費者センター。三月八日一七時半～二一時、吉祥寺駅前市民ホール。

「消費者運動や婦人問題を第一にしているレポーター職の人達」にとっては、「主婦業を肯定して、そこに立脚することのリアリティのみが、生活者としての、女の運動のむしろ新しいタイプであったため」〔同、一頁〕と推察される。市民運動や消費者運動の主体として「主婦」を価値づけるとすれば、通常ではその「主婦」の存在自体とその置かれた状況・環境を肯定的に評価することは当然の前提であろう(「主婦論争」の構図でいえば、Ⅲ「運動主体論」がそうである)。しかし〈主婦戦線〉は、そうした従来の「主婦」—「運動」の基軸とはまったく違った問題設定を行なった。「主婦性」自体を不問に付したうえでの「主婦」評価を拒否したのである。

もう一つは、「〝子もち専業主婦としてもっとも抑圧されている場で闘う〟というコトバ」で、これは「一層理解を得にくかった」〔同、一頁〕。たしかにこれは、「主婦論争」的な文脈を前提として考えた場合、まったく想像の及ばない論理である。いわゆるⅠ「職場進出論」も、その対立軸に置かれるⅡ「主婦天職論」のどちらも、主婦を抑圧された存在とは見ていない。前者は、(外で働いていない)主婦を「甘えている」と規定するし、後者は、主婦としての女の生き方に「よろこび/生きがい」を見出すものである。どちらも主婦を「めぐまれた存在」として捉えている。〈主婦戦線〉の論理は、先に見た運動の主体たる主婦評価(Ⅲ)も含めて、そうした論がアプリオリに立つ土壌そのものを批判にさらし、改めて階級性・性差別性に徹底して引きつけたうえで「主婦」規定を行なったものとして、先鋭的な思想であったと評価されるべきであろう。▷4

また、「主婦戦線の呼びかけが、平面的すぎて、かけこみ寺的要素を期待したせっぱつまった人には実用的でない、即効薬的［…］でない」という指摘や、「例えば、電車に乳母車をもちこむといった類の対社会的行動が皆無であり、具体的な戦術に欠けることが、戦線の言い分をわかりにくくしている、という助言もうけた」［同、二頁］。これに対し国沢は、「主婦戦線を運動と規定するならばまさに不足している点であった」と断ったうえで、「だが当初より、組織はおろか、運動でもないといいつづけてきた」と述べる。

われわれは、ひとつの性差別告発の視点を提出しているのであり、この視点が、いままで女解放の中で欠落しすぎていた故に、まだまだ解放を志す女たちの中でさえ、了解がとれていないうらみがある。

4——ただ、「子もち」という限定がついているにせよ、「専業主婦」が「女」のなかで「もっとも抑圧され」ているという認識がこの文章だけで理解を得るには、困難がともなうだろう。この点では、後に引用する宮崎明子の論述が補足的に参考になる。

当面、解放の闘士は、己の主婦的状況を確認し、ついで家族を疑い、家族の具体化である家庭の日常から洗いなおしていくべきであるという、主婦戦線の戦列に組《ママ》することの呼びかけをしつこく続けていく。〔同、二一－三頁〕

このように国沢は、〈主婦戦線〉が、輪郭のはっきりしたグループや組織ではなく、個別具体的な問題解決型の運動でもないことを断言している。〈主婦戦線〉は、その視点・意識を共有する者、ならびにその「呼びかけ」に応じて個別の状況において自己改革的行動をとる者たちの、不定形な「ネットワーク」であると定義できよう。

さて、その後の一九七五～七七年にかけての具体的な活動状況は、国沢・上原・深見史《ふかみふみ》らの執筆活動以外、現段階ではほとんど窺い知ることができないのだが、▽5一つ重要な出来事がある。七七年の秋に、「第一次主婦戦線解体」〔同、三頁〕がなされていることである。

〈第一次主婦戦線〉は解体した。正論のための正論に、がんじがらめになった私が残った。そして今、実感を言葉化し、文章に組み立て、表現するエネルギーは、まず、現実の生活を変えるエネルギーにしたいと思う。表現行為としての正論ではなく、実際の生活の中で生き心地よくなるための方法論が、正論に重なるようにと願う。だから〈第一次主婦戦線〉をふまえつつも、現実の日常生活の中で具体的な関係を変えたいという想いをもって、再び〈主婦戦線〉を私の中に構築したいと思う。

［宮崎、一九七七→一九七八、四頁］

この宮崎の論述からは、それまでの自分（たち）の理論先行的な活動に対する違和感に向きあい、より自らの生きる状況にさまざまな「問題」を引きつけていこうとする目的があったことが読み取れる。そして、「一九七六年初めより、第一次主婦戦線解体を確認した七七年秋をもって、各個人が組名を名のり、集会などプロモートするときは、又別の組

つけられる息苦しさ、重い状況。産んでも、産まなくても、働いても、働かなくても社会構造は、すべての女に「主婦性」を課す。それは、私たち女の下半身が「産み」を内在しているから……。／自分の生活実感をテコに、女権拡張論とは違う視点をもって「婦人問題」でない「女問題」の明日を探りたい。主婦戦線」［主婦戦線、一九七五、一七七頁］。

5――紙幅の関係上、文献データの列挙はしない（主たるものは「現代子育て考」編集委員会編［一九七五］への三名の参加）。筆者・村上作成の〈主婦戦線〉のデータベースをご覧いただきたい。http://www.arsvi.com/d/h05.htm

また、一九七五年には、『女・エロス』誌上の「女かわら版」グループ紹介欄に以下の呼びかけ文が掲載された。「★ただの女たち集まろう！　女だからと押し

名をつくることで、主婦戦線がグループではなく、ただの女たちへの呼びかけの理念であることを明確に」〔国沢、一九七八a、三頁〕した。[6]

以上からは、組織化にともなう避けがたい帰結としての集権的・ピラミッド的構造を自ら徹底的に拒否し、あくまで水平的な連帯を求めていた国沢たちの態度が窺える。

〈主婦戦線〉の活動とその思想(2)

一九七八年春から、〈主婦戦線〉の表立った活動は加速する。まず、主婦戦線華組〔一九七八〕の発刊がある。国沢〔一九七八a〕、宮崎〔一九七七〕、篠田〔一九七八〕の三論文によって、新たなスタートを予告した。四月二九日には、『女・エロス』第10号刊行記念集会「わたしのエロス・革命」のパネラーに国沢が招かれ、[7]ここで以降のマニフェストとなる「女ノウチナル母ヲ撃テ!!」〔主婦戦線、一九七九c収録〕を発表する。[8]

一〇月には国沢が執筆した「反母性論」〔国沢、一九七八b〕が『あごら』誌に掲載される。これは以前より国沢が追及してきた(反)母性論[9]の決定版である。ここで国沢は、「主婦的状況」という用語を改めて明確に規定している(157ページの引用1を改めて見ていただきたい)。

ここで国沢は、自らのそして〈主婦戦線〉の基幹理念である「主婦的状況」の語を、巷間の女性論などによる一方的な文脈づけの意味からも、またいま現在「主婦」である者だけが立場性を主張するために用いる狭義の意味からも離れた、解放のための思想・運動の出発点たる認識の結節点を示す語として定義した。[▽10] 国沢は、《①個々の女の自己の状況規定＋②労働権の獲得状況の確認⇩③女としての階級規定＝④女解放への視座の獲得》、という発展段階論を展開している。「主婦」の「状況」を「性差別」としての視点から規定するにとどまらず、「階級」という視点をもちこむことによって、「主婦的状況」の定義が補完されていることは注目すべき点であろう。もちろん、ここでの「階級」概念の使用はか

6——国沢は、グループの代表としての「主婦戦線の国沢さん」となってしまう危険性に特に注意を払い、「私は単なる「星組」として当分はやはり「主婦的状況」を撃つことを通信をつかい、また私なりのいろいろなチャネル［原文ママ］の中でやっていく他はないと思う」〔『星火通信』一九七七年九月五日号（主婦戦線星組　国沢静子）〕と述べている。

7——千駄谷区民会館にて。この集会の記録・写真は、『女・エロス』第11号〔一九七八、四-八頁／一三二-一三五頁〕に掲載されている。

8——集会会場にて、「赤紙」を模して印刷したものを配布。

9——その主な論考をまとめたものが、主婦戦線編〔一九八八〕。

10——「主婦的状況」という用語の生成と継承の過程については本書第3章参照。

なり抽象的であり、論理的に飛躍がある感は否めない。しかし、あえて「階級」という設定を打ち出すことにより、単純な「性別役割分業」・「生き方（の選択）」という、一般的・表面的な整理のしかたでは片づけられない社会的基盤の問題性を強調することには、おおよそ成功しているといえよう。また、この「階級」という地平から女問題を捉える姿勢は、（次章で見るように）のちに〈主婦戦線〉がパート問題に全面的に取り組む際にも継承されていることが窺えるので、彼女らの思想の特徴として位置づけられるものである。以上に見た「主婦的状況」の規定は、以後〈主婦戦線〉が関わることになるすべての活動・行動における理念的な立脚点となる。

さて、こうしてこの時期、女性運動関係メディアにおいて〈主婦戦線〉（のメンバーの記述）は一定のプレゼンスを示すようになる。そして、この一九七八年に、〈主婦戦線〉にとって大きな意味をもつ出来事である、『女・エロス』第11号編集委員会に対する「女の女差別」抗議闘争が起こされる。

経過を再度［第3章参照］、簡単にまとめると、①一九七八年六月にリブ理論誌『女・エロス』編集委員会から宮崎明子に対し、「主婦の立場からみた女と政治」というテーマでの寄稿の依頼があった。②宮崎は七月に論文「主婦解体論——群れよ、ただの女たち!! 主婦の群れは国家を揺さぶる!!」を提出するが、編集委員会から修正要求が出された。③八月に宮崎は修正原稿を提出するが、それも返送され、事実上掲載を拒否された。④それを受けて〈主婦戦線〉は『女・エロス』第11号編集委員会に対し、「依頼者責任上の拒否理由明示」ならびに「創刊理念に基づく原点復帰とリブ理論誌編集者の主体的な自己批判」を要求する抗議を行なう。⑤その後、各所への抗議アピールを行なう。⑥一〇月、声明「社会評論社版『女・エロス』を廃刊せよ!!――女たちの熱い心を反体制商品として売り渡すな!!」を発表。⑦一〇月一四日・二一日、〈主婦戦線華組〉主催で抗議集会。⑧『新地平』誌上にて両者が主張を展開。[11] ⑨一九七九年三月、『女・エロス』第12号誌上にて、編集委員会が一連の事情説明と〈主婦戦線〉批判を行なう。[12] ⑩四月、〈主婦戦線〉が機関紙『星火通信』にて「〈女の女差別〉を商品化する『女・エロス』を廃刊せよ!」を特集。これをもって、一応の終結をみる。

この闘争に関する具体的な実証分析は、本章では措く(女性解放理論・組織論・運動論それぞれの点で複雑かつ重要な意味をもつ事例であるので、別稿にて詳細に論じる必要がある)。ここでは、当事者の宮崎本人によるこの問題への分析を確認しておこう。宮崎は、「要するに、提出された原稿

11――主婦戦線[一九七八a]、「女・エロス」編集委員会[一九七九a]。

12――「女・エロス」編集委員会[一九七九b]、高良ほか[一九七九]。

の内容――国際婦人年批判と、過去の女解放論に欠落していた「主婦性」への見解を中心に、階層分化した女達を女総体としての解放に向かわせる一提起である――が、「女・エロス」編集委員会には異論であったための一方的返送としか判断」できないとし、「〃主婦とはこういうものだ、主婦は主婦らしく〃とのキメツケのもとに素材レポートだけを強要する主婦蔑視に直面して、私は、主婦としてしか生かされていないただの女達、女大衆差別に基づく編集姿勢に怒りを覚えざるを得なかった」〔宮崎、一九七九↓一九八〇、一〇頁、傍点は原文〕ことを表明している。

〈主婦戦線〉は、このように、「女・エロス」編集委員会の姿勢を、その組織としての問題から拡張して、「国際婦人年」以降進行してきた《女の女差別》構造の帰結としての表徴であると捉えていた。

七五年の国際婦人年は、「平等・開発・平和」というスローガンでエリート女のウーマンパワーを国家独占の体制補完物としてとりこみ、底辺的女大衆への分析と敵対関係を深めさす施策によって、女たちの階層のさらなる分化と、リブの革新性を骨抜きにし感性論の枠にはめ、女総体のプロレタリア階級意識への復帰を一層困難にさせようという、意図された〈女の女差別〉構造の固定化の施策でありました。

〔…〕即ち、女総体を能力別に、上層も下層も共に有効に独占資本に貢献させるべく分断しておく、体制側のイデオロギー攻撃でありました。

そして、この地平こそ、今回のエリート女・ウーマンパワー派の機関紙「女・エロス」による「主婦解体論」のにぎりつぶし――国際婦人年批判と、今迄の女解放論に欠落していた「主婦性」への見解を中心に、階層分化した女たちを女総体としての解放に向わせる一提起である「主婦解体論」が、ウーマンパワー派の女権拡張に対する異議として、「彼女らの女解放を阻害し、敵対する論である」との予断偏見の上に依頼原稿掲載拒否が捏造された――の事実は、まさに、構造的な〈女の女差別〉の必然的産物といえます。〔主婦戦線、一九七八b→一九八〇、一八－一九頁、傍点は原文〕

つまりこの「闘争」は、たんなる『女・エロス』誌の編集体制如何を問うにとどまらず、当時のリブ運動の様態を巨視的な視野から評価する実践としてなされたものだったのである。〈主婦戦線〉は、「国際婦人年」という「体制側のイデオロギー攻撃」により、リブ運動内部にも変質がもたらされ、（それへの立場性の相違による）深刻な対立が惹起されたことを示し、その状況にもとづいて自らの行動があることを明確に述べる（国沢〔一九八〇〕でも同様の論旨が展開される）。◁13 こうした視角・立場に立つ女たちの存在が明確に確認できることは、日本のリブ史、女性解放運動史的に見て大きな意義があるし、その重要性は改めて評価されるべきであろう。

また、ここでは「主婦」認識において、〈主婦戦線〉の思想の本質が改めて明らかになった。宮崎は、主婦からの個人的脱出を女解放への第一歩とするような姿勢を批判し、「主婦を見据える」必要性を強く主張していたが、「女・エロス」編集委員会側は、これを「主婦的情況にある筆者の自己弁護、弁解」［宮崎、一九七九→一九八〇、一一頁］と受け取った。「主婦性」・「主婦的状況」の（自己／総体）認識を第一に置き、その地平から「女解放」を志向する〈主婦戦線〉に対して、「主婦」という内実の実態的要素に重きを置かないリブは、運動のゴール地点である「女解放」への「運動の道筋・戦略」を第一に求める志向ゆえに、認識のスタート地点としての「主婦性」・「主婦的状況」そのものに対する位置づけは低い。そのため、そうしたリブは、〈主婦戦線〉の立場に対して「主婦性に浸かった未熟な論理の運動」という感触を抱く。[14] これは第3章［147頁以下、155頁註5］で見た、もろさわと伊藤の立場の違い（論理による啓蒙志向とそれへの意図的な阻止）と似通った図式ともいえる。

いずれにせよ、この「闘争」によって、〈主婦戦線〉は、「リブ」圏域における自らの思想的位置を改めて認識し直すこととなった。結果、「我々、主婦戦線は、今後はリブとして一括総称されることを拒否し、独自の方向をめざすことを明らかにしておきます」［主婦戦線、一九七八b↓一九八〇、一八頁〕という結論に至る。

〈主婦戦線〉の活動とその思想(3)

一九七八年の秋は、〈主婦戦線〉にとって、もう一つの意味で大きな転機であった。〈主婦戦線〉は、その活動組織として、〈主婦の立場から女解放を考える会〉を立ち上げ

13――〈主婦戦線〉は「国際婦人年」である一九七五年五月に、すでに「国際婦人年　アッハッハッ!!」という批判声明を出している。ここでは、「産む性としての規定の中で、がんじがらめの女の「主婦的状況」をこそつかねば、女総体の解放の視点すら明確化できない。/国際婦人年などと、役人の口上にのせられ、女権を拡張しても、社会構造が女に主婦的状況を要求している男社会である限り、女問題は尽きない」〔主婦戦線編、一九八〇a、六三頁〕と主張している。

国沢の談によれば、この声明は〈国際婦人年をきっかけに行動を起こす女たちの会〉(一九七五年一月一三日発足。新宿の中島通子法律事務所を中心に活動)の定例会(五月一三日開催)の会場(婦選会館)入口で配布したという。

14――「女・エロス」編集委員会側からの宮崎原稿への指摘には、「解体のイメージ・方法・闘いについての筆者の模索が具体的にわからない。解体論としての展開がない」といった趣旨のものが散見される。

る。[15]一一月二二日、同会は、その名義をもって「パート・未組織労働者の復権」をテーマとした集会を都内で開く。その場では主に「労基法改悪反対」のアピールがなされた。[16]同二七日には同会が「パート・未組織労働者連絡会結成準備のための連続討論集会」第一回を開催。一二月二三日の同集会第二回のために作成された〈主婦戦線〉名義の声明「性と階級の二重の抑圧からの女解放」［主婦戦線、一九七八c］は、その後の「労働」問題への取り組みの本格化を予告するものであった。この内容については次節で検討するとして、その後の経緯を確認しよう。同集会は回を重ね、第七回にあたる一九七九年五月三日をもって〈パート・未組織労働者連絡会〉の結成に至る。以後、同連絡会は、月例集会を継続して行なうとともに、代表の山口（＝国沢）静子を中心に、所得税の給与所得控除限度額（当時五〇万円）の引き上げを求めて国会請願を行なうなど、精力的な活動を展開した。[17]

一九七九年六月には、〈主婦戦線〉名義で労基法改悪反対アピール――「わたしたちの人権・労働権の一層の抑圧・切り捨てである労基法改悪に反対します」［主婦戦線、一九七九d、一頁。原文下線は傍点で示した］――を発表する。ここでは同時に、労基法「改正」とセットになった男女（雇用）平等法策定にも反対を表明している。[18]なお、労基法改定において「母性」保護規定の見直しが画策されている点に関しては、すでに国沢が「反母性論」［国沢、一九七八b］で迅速な反応を見せていた。

15——結成年月日や結成に至る経緯などの詳細は不明。会の代表は山口静子（国沢静子の戸籍名）。

16——一九七五年の「国際婦人年」以降、日本国内では女性労働に関する様々な制度上の画策がなされたが、その目玉となったのが労働基準法「改正」である。労働大臣の諮問機関である労働基準法研究会は、一九七八年一一月二〇日に、産前産後休暇と育児時間を除く就労女性への保護規定の廃止を盛り込んだ報告書を提出する。これに対して、既存の労働組合・女性団体、そして全国のリブ運動体は総じて反対の声をあげた。

17——〈パート・未組織労働者連絡会〉の活動については、第5章、ならびに筆者・村上作成のデータベースを参照されたい。http://www.arsvi.com/d/p12.htm

18——以下に部分引用する。

　昨年、一九七八年十一月に労相の私的諮問機関である労働基準法研究会より出された、報告は、男女平等法制定の必要をあげ、平等法制定のためには、現行労基法が現状にそぐわず、労基法の女子保護条項が、男女平等の足かせとなっているという理由で、妊娠・出産時の母性保護以外の女子保護条項の廃止の方向をうち出してきています。［…］

　男女平等のアメをちらつかせることによって、労働者間の分断を図り、さらには、女性間の利害対立による階層分化をおしすすめ、女総体の解放を阻み、〝家庭責任〟の強調、〝妻の座・母の座〟のおしつけにより女を母性神話に縛りつけるとともに、能力主義で、一定程度、おだてあげ、労働力の収奪をねらった、資本の攻撃とうけとめます。

　労基法改悪とセットの男女平等法に反対します。

一九七九年六月主婦戦線

［主婦戦線、一九七九d、一頁］

　なお当時東京では、一九七九年一月二〇日に発足した〈私たちの男女雇用平等法をつくる会〉（註13の〈国際婦人年をきっかけに行動を起こす女たちの会〉から派生）が、働く女たち自身で理想的な「男女雇用平等法」を策定しようという活動を展開していた。この平等法をめぐる女性運動側内部の対立については、村上［二〇〇九b・二〇一二b］を参照。

他方では、一九七九年一一月に、声明「胎児からのコンピュータ登録・総背番号制による徴兵制につながる母子保健法改悪反対!!」〔主婦戦線編、一九八〇b、一頁〕を発表。それにあわせて、「「産」とその自由について」を特集した冊子〔主婦戦線編、一九八〇b〕を作成し、近隣産婦人科病院の不正診療の問題を扱うことで、母体とそれをめぐる医療問題もクローズアップした。なお、一九七九年には、四冊の冊子を発行しており〔主婦戦線、一九七九a・一九七九b・一九七九c・一九七九d〕、そうした出版活動の集大成として、翌八〇年に『女解放――八〇年代をひらく視座』〔主婦戦線編、一九八〇a〕を発行した。

〈主婦戦線〉の思想の特徴

以上に見たように、ひととおり動きを追っただけでも、〈主婦戦線〉が短期間のうちに非常に多岐にわたる精力的な活動を行なってきたことがわかる。これらすべてに関して詳しい分析を施すことは本章中ではなしえないので、以下では主に、〈主婦戦線〉が打ち出した「主婦」-「労働」に関する思想の特徴を改めて整理してみたい。まず、宮崎明子による提起を見よう。第3章の**引用2**〔159頁〕である。

宮崎は、「主婦」と「労働」の隔絶された状況、つまり「主婦」が「労働」から重層的に疎外されている状況を訴えている。しかしそれは、「如何せん、自立など出来ない女を踏みつけにしてしか金は稼げないのに〝経済的自立論〟があり、市民運動、公害、消費者運動に出口をという論は、喰うに困らぬ亭主がいるからだ」〔宮崎、一九七七↓一九七八、六頁〕と述べているように、主婦が「主婦業」（家事・育児）を捨てて賃労働社会に飛び込んだところで、また社会運動に身を投じたところで、根本的な解決には一切ならないのだと主張する。

こうした見解は、「主婦論争」以降の文脈における従来の主婦に関する問題意識や言説に対して、痛烈な批判的意味・価値を保持しえている。宮崎は、自らの「主婦的状況」を冷静に確認したうえで、既存の女性解放思想が提供する主婦問題の解決法が、自らの実態といかに乖離しているか、それがいかに欺瞞的にしか機能しないものであるかを訴える。〈主婦戦線〉の立場性と思考の底流が如実に把握できる、重要なポイントである。[19]

〈主婦戦線〉による「労働」をめぐる議論として興味深いのは、「主婦」を「〈産む性〉の必然的帰結として〈主婦性〉を規定され、日々の主婦的状況の下に労働権さえ奪われた潜在失業者として差別され搾取されている全てのただの女たち」〔主婦戦線、一九七八b↓一九八〇、一九－二〇頁〕と規定していることである。これは、「主婦論争」でのⅣ「構造的貧困論」の立場をより深めたものとして重要な意味をもつ。以下はさらに論理展開された論述である。

我々ただの女は、現在、労働者としてその主体を獲得していない。その多くは主婦前提の労働者・パートタイマーであり、また潜在的労働予備軍として専業主婦のかたちで各家族のなかにプールされている。個々の女の意志・マイホーム志向・主婦天職論・母性本能説に依拠した育児天職論などとは全く無関係に、時代の構造として我々は社会的労働権をさえ剝奪された者として存在している。我々は、「社会的労働権」がどのように掲げられているかを問題にしなければならず、主婦と有職婦人の接点などという問題の立て方に眩惑されてはならない。雇用調節弁として、パートタイマーとして獲り《ママ》出され、また不況では馘首され、家庭という重荷、主婦と名づけられた己の重荷をせおって退職する。常に労働予備軍であるただの女の生身にこそ、この〈労働と主婦〉の問題が集約されている。個々の女の生身の日常の中にこそ問題がある。［主婦戦線、一九七八c→一九八〇、七二―七三頁、傍点は原文］

第2章で見たパート労働評価のなかでも挙がっていた論点を、リブとして、「個々の女の生身の日常」にまで引き戻して論じていることに注目すべきである。そして個々の女の日常の生＝「主婦的状況」は、「女総体」の「社会的労働権」と不可分につながっていることが強調される。「社会的労働権」とは、たんに個人の資質・能力・立場によって「選択」できる「労働」へのアプローチとは異なる。否応なく課され、また剝奪される、集合的〈全体的〉な労働負荷状況における拠りどころである。▽20

以上の主張の要素をすべてまとめると、「**産む性**」－「**母性**」－「**主婦性／主婦的状況**」＝「**潜在的労働予備軍**」－「**パート／無償労働**」という「性差別」規定構造の連関図式が示される。このようにして〈主婦戦線〉は、「産」・「母性」（＝「子産み」・「子育て」）の問題と

19――また、「階層」をめぐる論理にも注目すべき点がある。先に見た引用1において国沢は「〈主婦的状況〉は女の階層にかかわりなく加えられている〈性差別〉現象そのもの」と規定し、その正確な認識によって「女としての階級規定」に到達できるとした。そして宮崎は「階層分化された女達」が「女総体の解放」を目指した「性差別闘争」の主体となることを展望している。これを接合すると、①女の階層分化を〈女自身が〉問題化すること、②階層にかかわらず女総体に課される「主婦的状況」を問題化すること、の同時進行によって、女という「階級」による〈性差別〉闘争が可能になる。女の階層分化を生み出すシステムは、女に「主婦的状況」を課すシステムそのものでもある。

20――よって、個々の女は、それぞれの利害や立場の違いを「越えて」連なるのではなく――それは形式的・欺瞞的な「連帯」にほかならない――、自らに内在する主婦的状況ならびに労働状況を捉え、その普遍性を立脚点にして「女の労働問題」に向きあわねばならなくなる。

「労働」問題とを、《主婦的状況》というキーワードでもってつなぎ合わせ、双方の問題について同時並行的に、思想＝運動の二本柱として取り組んでいったのである。[21]

まとめにかえて

以下二点を改めて確認してまとめとしたい。①〈主婦戦線〉は、独自の「主婦的状況」概念の定立により、従来の「主婦」論議ならびに女性解放思想とは、性・階級をめぐる差別構造認識を決定的に異にしており、それゆえつねに見落とされてきた「主婦」－「女総体」を規定する構造要因（先述の連関図式）を明確にあぶり出し、定義することができた。②「主婦」である「リブ」としての主体認識も独自なものであり、当時の主流の「リブ」とは立ち位置のうえで大きな断絶があった。しかしそれは、自らの立場性・アイデンティティをより明確にする要因ともなった。

今後は、本章が積み残した「子産み」・「子育て」論議における主張と「労働」関係の活動（次章で述べる）とを総合したうえで、最終的には〈主婦戦線〉（以降の彼女らの運動）の主張・存在形態そのものが保持していた同時代的、現在的な思想実践の可能性という観点から確定的な評価を下さねばならない。[22]

池田祥子〔一九八七〕は、「子どもを産むこと・育てること」をテーマとして「女の思想」、「母の思想」を問い返し、それと同時に家庭・主婦・性別役割分業の本質的な批判的検討を試みている。特に、「女」が「働く」ことに関して以下のように提言している。

〈女〉や〈男〉の問題を読み解く際に、「家族」や「主婦」という囲い込みのあり様こそ対象化されるべきであって、その囲い込み自身になおわたし達が拘泥する必要性はいささかもありはしないだろう。

「主婦パワー」という社会的な〈女〉への媚とは逆に、むしろわたし達は、これからの〈女〉の一層の階層化と分断化――エリートキャリアウーマン、高収入の夫に

21――もちろんこの連関図式には、さまざまな面から理論的／論理的批判が可能であろう。しかし私は、この時点での――非「専門家」たちの――一運動体による明確な理解基軸の構築という実績を、まずは積極的に評価しておきたい。

22――菊地夏野は、「リブは主婦と娼婦への女性の分断について、性差別の装置としてその重要性を感知し言語化してはいたものの、その分断の仕組み、意味、効果にまで踏み込んで明示することはできなかった」〔菊地、二〇〇五、一六八頁〕ことを指摘している。

頼る専業主婦、働かざるをえないパート専業主婦など――の傾向に十分注意を払わねばならないと思う。その上で、「性別役割分業」や「家族」のあり様そのものを批判的に対象化しつつ、〈女＝主婦〉を疑い、真に「主婦論争」を超えていくための視座を築かねばならないと思う。〔池田、一九八七→一九九〇、二一七頁、傍点は原文〕

少なくとも、こうした「女」を絡めとるイデオロギー的な要因の批判的検証と、その解体のための運動状況の構築を、〈主婦戦線〉はまさに実践していたと評価することができるだろう。

最後に、この章で確認した内容の、フェミニズム理論・思想史の枠内における位置づけも問題となる。これは、現在まで続く（世界的な）「主婦」を巡る評価と位置づけのありようや、実際の主婦たち（ならびに「主婦」の周辺層をなす女性たち）の多様な「運動」の過程を総合し、かつ新たにその関係を組み換え直したうえで行なわれねばならない作業である。[◁23] これを大きな意味での課題としておきたい。[◁24]

次の章〔第5章〕では、この章で明らかにした〈主婦戦線〉の思想と運動のもった意義が、どのように現実の行動として社会のなかで明示されていったのか、またそれはいかなる戦略にもとづいた行動であったのか、を確認していきたい。分析の焦点は、《労働》という広い枠組みから、再び「パート」というキーワードへと戻していく。第2章で確認したパート労働評価と、いかなる共通点や落差・断絶があるのかも意識しながら、検討していきたい。

23——改めてここで一点指摘しておくならば、〈主婦戦線〉の大きな存在意義は、「主婦であることに主体性を置いた社会運動」にも「主婦という存在を解放することを目指したフェミニズム」にも収斂されない、さらに言えばそのどちらをも批判対象としたことにある。よって、これを女性（解放）運動的に、またフェミニズム的に位置づける・評価することは、それ自体が逆説的なことにもなり、ゆえに困難を伴う作業になるだろう。

24——〈主婦戦線〉関係の詳細な情報は、筆者・村上作成のデータベース（註5記載）に網羅してある。適宜参照されたい。

5 「パート主婦」は労働者である

——〈主婦の立場から女解放を考える会〉・〈パート・未組織労働者連絡会〉の奔走

この章では、一九七八年から九〇年代まで活動した、〈主婦の立場から女解放を考える会〉ならびにそれが母体となって結成された〈パート・未組織労働者連絡会〉による、労働をめぐる実践的な問題提起の変遷を確認することで、「主婦」の「パート」問題を考える視座のありかたをめぐる当事者たちの模索の過程を明らかにしていきたい。

一言でいえば、「パート」問題とは「主婦」問題であり「労働」問題である——もちろん「主婦」以外の「パート」も多く存在し、「パート」＝「主婦」ではない。しかし「パート」問題の根幹を考えるとき、歴史的にも状況的にも、「主婦」というファクターを棚上げにすることはできない——。その関係をどう整理するのか、またその整理によってどのように問題を提起しうるのか。「主婦」－「パート」－「労働」、それぞれが当事者のいかなる認識・定義により捉えられていたのか、それらはどのように関係づけられるべきなのか、その関係づけによって「労働」のための、あるいは既存の「労働」形態からの「解放」のための運動方針としていかに機能するのか。以上の問題を巨視的な課題として、ここでは、その解明のために過去の実践の過程を分析する作業を進めてみたい。その際、問題の理論化と運動戦略の双方に視点のポイントを置いて、分析にあたることとする。

具体的な分析に入る前に、こうした問題に関して従来示されてきた切り込みの総括的内容を確認しておこう。

無業女性の就業希望は上昇を続けているが、内職希望が減少した反面、パートタイム希望が増加し、労働条件に大きな開きがあるにもかかわらず、常勤への希望を大きく上回っている。もちろんこれには現実の中高年層の労働需要がパートタイムを主としている事情もあるが、あくまで家庭の主婦としての仕事を第一義として、家事に支障のない範囲で追加収入を期待する者が多いのである。そして労働者としての権利である社会保険や労働組合についても加入を望まず、収入も税法上夫の扶養家族に入る基準以内に調整する傾向にある。最近の顕著な労働力不足や経済のソフト化・サービス化が女性の雇用拡大を加速しているにもかかわらず、女性がパート労働を選択するのは、仕事と家庭との両立が困難な社会環境ばかりではなく、主婦意識の強さが影響しているためと思われる。〔水野、一九九一、二六三頁〕

本来、パートタイマーは、労働時間が短いだけの労働者であるが、日本では、〔…〕既婚女性を、経済的には被扶養の地位にとどめ、家事や育児・介護などの家事労働を優先する「主婦」の地位にとどまるよう誘導する政策と連動して、既婚の女性パートタイマーの多くは、家庭責任を重視して「主婦の座」に止まり、所得に応じて税を負担し社会保険に加入する権利を得るという、一個の自立した労働者とは異なる存在となっている。このことが、パートタイマーの社会的地位を低めている最大の要因である。〔塩田、一九九四、一六五頁〕

前者の水野作子の見解は妥当ではある。しかしこの内容を指摘するだけでは不十分である。そして後者の塩田咲子によるまとめも簡潔にして的確である。しかしその実情をよく知る必要がある。この第5章では、このような「一般」的・「通説」的な総括のみによっては見えてこない、その裏側にある当事者たちの利害と理論=運動構築のありようを提示し、その積極的な意味を明らかにしていきたい。

〈主婦戦線〉、〈主婦の立場から女解放を考える会〉、〈パート・未組織労働者連絡会〉

一九七〇年代後半から八〇年代にかけて、「主婦」である「(ウーマン)リブ」という立場に立って活動を続けた、〈主婦戦線〉というネットワークに、前章から引き続き焦点をあてる。〈主婦戦線〉は、東京都東村山市を拠点として、一九七五年二月に、国沢静子、宮崎明子、上原いつ子の三人が呼びかけ人となって結成された［第4章169頁以下］。〈主婦戦線〉の思想と活動は、すべからく「産む性」を理由に「主婦性」規定をなされる「女総体」の解放を、その《主婦性／主婦的状況》を基点として追及したものである。

宮崎［一九七九］は、「産む性」が「産み+育てる性」へと延長され、それが《母であり+娼である性》=《主婦性》規定へと変換されて女の生身に体現される、という構造を示したうえで、以下のように論を展開している。

主婦としてしか生かされていない圧倒的多数のただの女達＝女大衆の存在は、この〈主婦性〉規定の必然的結果であり、その完成型が、〈産む性〉を理由に社会的労働権さえも奪われた専業主婦である。〈主婦性〉規定は、〈潜在失業者性〉も合わせて持つ。

しかし、〈主婦性〉規定が、生産性優先イデオロギーによる人間性収奪の策である以上、女は、総体として〈主婦性〉規定の下に主婦的状況を余儀なくされる。即ち、我々は、女と産まれて以来、[…]どんな状況にあっても、常に擬似的な主婦的状況に生かされているのだ。又、職場でのお茶くみ問題が、古くて新しい女の問題であり、今だ《ママ》に性差別の重要案件としてついて廻るのも、〈主婦性〉規定の産物だからだ。女総体に課された性差別の根源は、〈産む性〉をテコにした〈主婦性〉規定にある。換言すれば、独占資本下の社会構造が、女総体を潜在的な〈主婦〉にするのである。

〔宮崎、一九七九→一九八〇、八頁〕

下層の女ほど、労働現場における〈主婦的状況〉は鮮明に反映される。主婦と一括総称される女達——資本戦略としてのパートタイマーとなって、ほとんど無権利に近い条件で底辺的単純労働を負う者から、労働権さえ剥奪され、私的売春状況を余儀なくされている専業主婦、労働者でありながらも、その主体性を夫の家父長権に収奪されてしまう前近代的自営業、農林漁業の妻達……——これらの女達の状況は、皆、決して、社会的自立を望めるような有意義な労働現場にはない。女だから、妻だから、母だから、娘だから、〈やさしく、にこやかに、綺麗に、丁寧に、まめまめしく、根気よく……〉と全て、〈主婦性〉規定に依る属性を求められながら、人間性をすり減らしてしまう疎外労働に就いている。単純であり、かつ、主婦であるが故に、不当に差別された労働と云える。従って、女達は、己の社会的地位、誇を辛うじて守る為には、主婦を名のり、その労働者名を名のる意識を排除する。その結果、女総体としては、女の労働力総体を安く買いたたかれ、常に、単純補完労働に据え置かれることになるのである。〔宮崎、同、一三頁〕

ここに〈主婦戦線〉による、「主婦」の（複層的な）「労働」疎外状況を捉える基本認識が示されている。「女」であるがゆえに社会から「主婦性」を背負わされ、その具現たる「主婦的状況」は「労働」の場における／からの疎外状況に直結し、それゆえ多くの女は自らを労働者として規定することなしに「主婦」という身分呼称のもとに身を隠してしまうことになる。そして「主婦的状況」が再生産されていく、という連関図式である。たしかに単純ではあり、粗い論法であることは否めない。しかしリブ運動周辺で展開していた議論の枠内で見れば、一定の了解を逸脱するものでもない。[1] ともあれ、この論理設定を、以降、彼女たちの思考の表出を確認していくうえでの基点として位置づけておこう。

さて、〈主婦戦線〉は、その活動のなかで、一九七八年秋に〈主婦の立場から女解放を考える会〉(以下、〈考える会〉と略す)という活動組織を立ち上げる。同会は一九七八年一一月二二日に「パート・未組織労働者の復権」というテーマで最初の集会をもち、一一月二七日には「第一回パート・未組織労働者連絡会結成準備のための連続討論集会」を開く。以降月例で同集会を開き、七九年五月三日の「第七回パート・未組織労働者連絡会結成準備のための連続討論集会」をもって、〈パート・未組織労働者連絡会〉(以下、〈連絡会〉と略す)が結成される。〈考える会〉は、〈連絡会〉に「参加」という位置づけをとった。なお、〈考える会〉の実質的代表者(対外的な交渉窓口)は、〈主婦戦線〉とほぼ共通する形態で山口(=国沢)静子が務め、〈連絡会〉は八〇年代前半まで星三穂子[2]が代表を務めた。星の退職以降は、〈連絡会〉の代表も山口が務めている。会報的な機能をもった『時給労働者通信』[3]は、〈考える会〉が編集し、〈連絡会〉が発行という役割分担が当初あったが、一貫はしていない。こちらも、当初は星と山口が分担して編集・発行していたが、のち山口が担当することになる。

こうして、山口らは、以降は両会の名義を適宜使い分けながら、さまざまな活動を精力的に行なっていくことになる。以下、そのうちいくつかのトピカルな行動を時系列に沿って紹介しつつ、本題である「主婦」－「パート」－「労働」についての彼女たちの理論の変化と深化を確認していくことにする。

パート問題は「労働問題ではなく主婦問題」

一九七八年一二月二三日に行なわれた「第二回パート・未組織労働者連絡会結成準備のための連続討論集会」において、〈主婦戦線〉名義で「性と階級の二重の抑圧からの女解放」

1――『女・エロス』第6号（一九七六年。特集「主婦的状況をえぐる」）など。詳しくは第3章参照。

2――一九七五年、パート解雇反対闘争を機に東京都調布市の東京現像所労働組合所属者で結成された〈パート婦人懇談会〉の代表。

3――筆者・村上が作成した以下のページを参照されたい。http://www.arsvi.com/d/p1201.htm

と題する声明が出された。以下、その内容を項目ごとに見ていこう。

◇雇用における主婦的状況

所《ママ》で、弱い立場で採用される原因には実はもう一つある。それは概括していえば、**パートタイマーの問題は労働問題ではなく、むしろ、性差別としての視点を含めた主婦問題である**◁4という点である。先に、労働者として権利を主張するには社会的外圧があまりに強すぎるとの指摘があると述べたが、この社会的外圧とは、まさに主婦に対する社会的な規制と換言できるものである。〔主婦戦線、一九七八c↓一九八〇、七四頁〕

まず注目すべきなのは、パート問題を、「労働問題ではなく主婦問題」と言い切っていることである。これは先に見た「主婦的状況」の普遍性概念を活用した解釈にもとづく結論の提示である。

◇時給労働者としての主張とその運動

まずパート・未組織労働者としては、**時給労働者としてその賃金の性質が本工労働者の給与とは異なるにもかかわらず同一の課税対象になることを拒否する**という具体性の中で、時給労働者としての労働現場での主婦的状況、差別された実態を告発していく。この点に関しては、すでに主婦戦線の活動組織「主婦の立場から女解放を考える会」を中心にして国会へ向け請願署名「一二〇万円まで無税で働くこと」のなかでパートタイマーとしても実力をつけ、その上で組織労働者として闘う場に加わろうという方向をもって活動している。職業に貴賤はないというのは現実としてはコトバ上の幻想であり、いま、時給の日給の月払であるブルーカラーの女は専門職を名のる女の前では職業ではなく、「主婦」を名のり社会的名分を保とうとさえする。**パートタイマーは劣悪な待遇の中で労働者意識をさえ回復できぬ状況にある。せめて年収一二〇万円までは夫の扶養控除などへの抵触を気にせず、労働者として名実ともに実力をつける中で、職業名をなのれるまでに家族内からも、又、社会的にも労働者として復権したい。**請願事由は左記の通りである。

「社会保険三法適用外で支払われる賃金・ボーナスなどの名目の収入は、勤労所得と一括せず、通常労働者の給与控除の倍額（現在五〇万円の倍額）百万円で足ぎり課税対象とすること」

［主婦戦線、同、七五頁］

4——この章のゴシック体文字の箇所は、筆者・村上による強調を示す。以下の頁も同様である。

ここでは、「労働者意識」を「回復」すること、「労働者として名実ともに実力をつける」こと、社会的に「労働者として復権」すること、が課題・目標として示されている。そして「社会的身分」として「主婦」と「労働者」が対置関係に置かれている。

上の目標にむけた具体的な行動が、国会への請願署名提出である。この請願行動は、給与のほかには労働基準法上の給付がほとんど受けられない低時給の労働者の給与課税限度額を、正社員と同じ五〇万円（当時）ではなく倍額の一〇〇万円とするよう求めたもので、一九七九年五月一〇日、衆参婦人議員・大蔵委員に依頼して最初の国会請願を行なった。この声明が書かれた時点では、その請願に向けての署名集めがなされていた。◁5

給与所得控除額五〇万円に雑所得二〇万円をプラスした「七〇万円の壁」が、当時の働く主婦たちを規制していた。この額までの年収なら、妻には所得税がかからず夫の所得から配偶者控除が受けられるため、多くの働く主婦たちが、この額を超えないように仕事を調整していたのである。山口らは、こうした状況が働く主婦たちの「労働者」としての意識・自覚を奪っていると捉えていた。そこで、現状の倍額一〇〇万円＋二〇万円＝「一二〇万円まで無税で働く」条件を要求したのである。これは、たんに年金・保険・福利厚生まで手厚く保護されている正規雇用者と無権利のパート労働者とが同じ条件で課税されるのは不公平だという客観的な制度上の問題だけでなく、パートで働く主婦の働く意欲や労働者意識を引き出し、確立することを狙っての提起であった。これらの活動の状況とその意図をよく伝えている『読売新聞』一九七九年四月四日の記事[6]のなかでも、山口は、「パートタイマーはオバサンなのです。主婦であって労働者ではない」と語っている。

◇〈パート率〉の歯どめこそ女の労働問題

女の労働問題は、〈女子率〉を五〇％にしようという男女雇用平等という方法では解決しない。むしろ、産業の二重構造の中で中小企業に働く未組織労働者、即ち、企業内労組の要求や雇用調整弁として使いすてられるパートタイマーとして働く、既婚の主婦であるがゆえに差別労働をおしつけられている多くの女たちの問題、象徴的に言えば**〈パート率〉の増加を如何に歯どめするか**にかかっている。パートタ

5——このときの請願は、田中寿美子（第1章の36頁にも登場した政治家・評論家で、一九七九年当時は日本社会党所属の参議院議員であった）の秘書の助言を受けて、全婦人議員を対象とした。翌年は山花貞夫（当時、日本社会党衆議院議員）に依頼した。

6——「パート主婦　控除の限度額アップを——未組織労働者の署名集め」、『読売新聞』一九七九年四月四日一三面、シリーズ「参加する女性たち(2)」。

イマー、未組織労働者は共に、未だあの古びている三十一年前の労基法さえも手のとどかぬ外圧の強い労働状況にある。労基法の改正という事でいえば、母性保護等の手なおしではなく、むしろ〈時短〉について徹底論議しなくてはならぬ。本工労働者は時短でポストを二倍にし、男女で職を二分し、雇用も平等、家庭責任も平等という展望をもっているが、これが実質賃上げであれば、資本は、本工の数はすえおき、時給のみの無権利労働者**パートタイマーを時短の補綴に使う**ことは明白である。本工労働者が、企業内組織労働者としての己の犯罪性と革新性の限界を自覚して闘う方向をもたぬかぎり、共通の階級意識をもつ仲間として、我々、底辺の潜在失業者を含めたただの女たちと共通の地平には到達しないであろう。

〔主婦戦線、同、七七頁〕

ここでは、「〈パート率〉の歯止め」が問題とされている。ただしこれは、「パートタイマー、未組織労働者」の存在を、なくすべき「克服課題」の対象として見ているのではなく、むしろ、その当事者の置かれた差別的労働状況に対する本工中心主義の無自覚な加担性を告発するための、便宜的提起であるといえよう。自らを「底辺の潜在失業者を含めたただの女たち」として規定したうえで、その立場を強いている社会（とりわけ労働者組織の）環境そのものに加害者性を問うているのである。したがって彼女らは、パート・未組織労働者を本工化せよ、といったような要求を保持しているわけではない。あくまで〝現状の〟パートタイマー層を(「労働者」の利害の引き換えに)増産させるな、という警告である。▽7

次に、一九八〇年一〇月に発表された、〈考える会〉による「私たちの要求課題とたたかいの基本」を見よう。

三食昼寝つき、職場でもパートのおばさんはよく休む、PTAの役員をにげる……と現象面の一部拡大による誹謗はあっても、資本の意図にはめこまれて収奪されつくす時給労働者の現場に立って、その場の悪を告発し、その場でたたかわなくてどこに女解放の足場があるというのか!!

[…]

本工化要求は、企業内組織内では有効でも女総体としては、より若い底辺労働者〝パート〟の派生となる。[一方で]住民運動消費者運動等〝運動の経費稼ギ〟にパー

7——こうした論点は、本書第2章の内容と対比させて、改めて位置づけする必要がある。

トとなる［。］〝他所で斗っているから〟と羊のようなパートでいることを今すぐ止めて斗おう!!　［『星火通信』、第86号］

この宣言自体は主に労働基準法「改正」と男女雇用平等法制定に反対する論旨だが、そのなかで、「より若い底辺労働者〝パート〟の派生」を問題にしており、これが掲載された『星火通信』（〈主婦戦線〉の機関紙）第86号[▽8]の欄外には、「労基法改悪に反対し、八〇年代資本戦略女の現業職総パート化を阻止する〝我々の斗い〟」と明記されている。これは前述の「〈パート率〉の歯止め」方針とつながる。

山口はまた、この時期の個人史的なエッセー［山口、一九八〇－一九八二］のなかで、パートと「主婦業」の共通性を改めて指摘している。

そして、一度「働き続け……」つまり同一職場で同一職種でがんばること、それが自己充実につながるという女の生きかたへの先見が、予断であったと知ったのです。なぜなら**多くの女の人たちは、産む、育てるという辺りで職場からはなれ、次にはパートタイマーという特殊な呼称で安い賃金で再び仕事の現場にもどって来るという現状をまず正確に嫌がらないで受けとめるよりほかに、実際仕事をすることは**

出来なかったからです。働けば働くほど技能が高まり、自己も充実する仕事とは専門職で数も少なく、多くの単純作業の現業員がずっとこの世を支えていることも知りました。

スーパーで商品企画や研究機関要員として主婦経験さえキャリアになるような職種は、実は少数中の少数で、多くの人々は荷出しとかチェッカー、サッカー、掃除などの現業をしています。これらの仕事は、主婦としてのキャリアの評価はないかわり、主婦業と同じたえざる繰り返し、他者の要求への即時的対応、その上笑顔ややさしさやこまめさや気働きが、給料の中味に関係なく要求されるサービス業なのです。**働いていながら、なお主婦でありつづけなくてはつとまらない仕事**、そして少ない賃金はほとんど家計のたし、より豊かな家庭生活をいとなむために……働いていて悲しい、と私は思いました。〔山口、一九八〇－一九八一→一九八九、四〇頁、傍点は原文〕

この論述も、パート労働の現場において「主婦的状況」が否応なく負荷される状況を指摘

8――一九八〇年一〇月二〇日、星火通信社（主婦の立場から女解放を考える会編）。

したものである。それは「自己充実」的な「専門職」とは対比的な「現業」であり、しかも「安い賃金」であるという疎外状況にあることを確認している。こうした明確な立場認識が、山口の労働‐運動観の根底にあることが窺える。

「働き続けるべき論」批判・「ひまつぶしパート」言説批判

山口は、一九八一年四月二五日の〈連絡会〉集会にて配布した「闘いの基軸と方向性について」〔山口、一九八一〕において、あくまで時給・単純現業労働者として取り組む運動の姿勢のありかたを明らかにした。

理屈をいえば、性と階級の二重の抑圧下にある女たち、ということで、私は七〇年代の女の状況を撃ってきました。しかし、いまは、ふつうのカアチャン労働者として馬券を八年も売りつづけた結論として、この「不足の三者」〔「時間がない、体力がない、お金がない」〕をかかえこんで闘っていきたいと同じ仲間によびかけたいのです。

単純な「女権的」女自立論のなかで、この三つの不足を個人的に充足することが

「女の自立」でこれをできるのは経済的自立であり、これをなしとげるのが「精神的自立」と図式的にいわれてきました。しかし個人でできない人はじゃあ、どうすればいいのか、という問題の解決にはこの考えは力がありません。

個人で出来ないのは、その人が人生に対する考えが、若いころから甘くて男に依存する生活を〝何の技術も身につけづ《ママ》〟来たからだ、〝今からでも遅くはない技術を身につけよう〟と教育産業の手先のようなこれまたプロパガンダのマスコミ、ミニコミ論調の中で、私はいつもそれは一方的すぎると当初はバランスをとる意味で、**今は階層的必然性を確信して**主張しています。私たちは、「時間、体力、お金」がないから底辺の労働者であるのだと。〔山口、一九八一→一九八九、一三―一四頁〕

女権派の人々の書いた『パートタイマーの手引』というものに「時給より日給、日給より月給がよい」「自分をより高く売りつけよう」という表現があります。

パートではなく時給労働者の定義を出すよう労働省に求めた〔213頁の註9参照〕のは、私たち三年間の学習の一つの成果であり、今後の結集軸の大きいものであると考えるからです。

時給より日給より月給になれないのが、八〇年代資本戦略です。現に闘いつつある当該の方々に強くアピールしています。

本工＝臨労、臨労＝パートというような図式は過去からの重さを引きずりすぎています。臨労以下は、たとえ月給でも日給でもそのカットの状況をみれば時給そのものではありませんか。私自身も日給ですが、気分がわるくて十五分でも医務室で休むとカットです。育児のため朝夕三〇分ずつ職場にいないで月給が減らない本工労働者とは根本的に収奪される仕組がちがいます。

女だからとの理由で女性労働者が母性保護に関してのみ労基法改悪に対する意見を結集していくことは、労基法改悪への歯止としては力がよわいのです。

労基法は工場労働者を主に戦後すぐ作られ、日雇、つまり日給までは視野に入りながら、なおパートの通達も十一年も前高度経済成長期のものです。

いま、八〇年代冒頭資本戦略として雇用の〝多様化〟時代をむかえるなかで減量として一ばん迎向されているる**パート、つまり時給労働者としての私たちの理論武装**が何よりも必要なのです。

〔山口、一九八一→一九八九、一五－一六頁〕

ここでは、従来の経済的自立を基礎に置いた啓蒙的女性解放論が、現在の主婦の「労働」状況においていかに無効であるかを強調しており、重要な提起として評価できる。そして山口は、「女だからとの理由で女性労働者が母性保護に関して」要求を出すこと以上に、「パート、つまり時給労働者として」の結集とその運動の充実化に力点を置いた呼びかけをしている。こうした論法は、従来の女性労働論／運動の主たる動きとは一線を画しており、注目に値する。「女」・「主婦」というタームから問題を摘発する姿勢から、意図的に自らの立脚点をずらしている様が窺える。

また、「パート」状況から自己の努力で「抜け出す」ことに目標と理想を置くのではなく、そうした啓蒙的風潮に反して、「パート、つまり時給労働者」の地点における運動を模索することをはっきりと宣言している点も、[9]同じく当時の文脈から考えてしっかりと位置づけ直す価値のある点である。[10]これは、〈主婦戦線〉が、「主婦（的状況）から（個人的に）抜け出す」ことを命題としたリブ運動の主たる風潮に逆らって、「主婦的状況」に基点を置いた（「主婦的状況」から出発する）「女解放」理論を模索していた点とオーバーラップする。

9――一九八一年四月三日、〈連絡会〉は「「パートタイマー」ではなく「時給労働者」の定義を改めて出」し、時給労働者への偏見と制度的差別を撤廃することを求めた陳情を労働省に対して行なっている。

10――広田寿子が「パート」を「臨時工」として位置づけていた点（第2章114頁）も参照したい。

次に、一九八二年に山口が発表した「〃時給労働者として恥ず《ママ》に斗おう〃」〔山口、一九八二〕を見てみよう。

女の自立論、特に経済的自立の内実は、現在までの労働運動内婦人部活動の限界をもつ。私たちV字型におちこんでから這い上がろうとする者に、この**〈働き続けるべき論〉は、私達の運動論、組織論、方法論などとして全く力がない。むしろ〈働き続けられなかった者＝主婦＝安い時給の使い捨て〉を、各自の努力不足、技術不足と個人の原因にし、社会的原因をみようとせず、連帯の足場を崩す。**

大把みにいえば、第二次、第三次現業では、マタニティウェアで出勤すること、子連れで出勤することが、産業構造上、また女の及び乳幼児の生活に、本来的に不可能なのである。子産み子育て期に労働の現場を失ったのは、本人のせいでは絶対ない。労働権を奪いとる社会的な仕組が、再び労働に向う時に安い時給という収奪の仕組になる。根は同じ所にある。

しかし、主婦からブルーカラー現業に再出発する多くの仲間は〈働き続けるべき論コンプレックス〉にかかっている。

そのため安い時給で闘ってもモトがとれぬから、もっといい職場に移るか、なる

べくサボって家族へ迷惑かけぬか、など個人的な工夫しかしない。

〔山口、一九八二→一九八九、三二六頁〕

◇『働き続けるべき論』からの脱出

働く現場を恥ずに《ママ》、働く者としての誇りをもとう。もちたい。それが闘いの第一歩である。七九年婦人週間の特集に「配偶者控除の増額運動」と報ぜられた第一回の国会請願も、実は**働く中高年の女たちの、誇りの回復**が主眼であった。安く使い捨てられ、家族には特に夫に、妻の働きを会社に知らせたくないなどといわれ、お金が必要なために働きながら、泣く泣く出勤調整をするという愚行より、限度額の方を動かせばよい。所得控除を月給労働者と別立てて、時給労働者は倍額の百万円と請願した。

この報道で二つのことが明か《ママ》となった。全国から寄せられた「私たちも要求を出せる」という中高年パートの人々のコロンブスの卵のような発想の転換。もう一つは時事問題、社会問題として政治家が動き、野党の国会質問とか母親大会申合せ事項などにもりこまれ、大蔵官僚も基礎控除額を満たし得ない七〇万円を七九万円に急拠《ママ》増額し、法を整合させるなど、〈パート〉問題に行政側が初の具体施策を示したことである〔231頁の註14参照〕。**しかし、あくまで〈主婦が困っている〉次元にとどめようという力は、マスコミなどの取材をうけつつ強く感じた。主婦と固定化すれば、底辺の時給労働者の問題と転化して、運動が展開する契機とならないという向う側の知恵を、逆手にとって活動しようとがんばっている。**〔山口、一九八二→一九八九、三二六頁〕

まず山口は、先に見た従来の「女の自立論」批判と同じ論理で、「働き続けるべき論」を批判している。現在の産業構造上、働き続けることが「不可能」な状況が多くの女の身の上に降りかかっているにもかかわらず、その精神主義だけが浸透しているため、結果として（「働き続けるべき論」者が理想として思い描くような労働環境とはかけ離れた）低待遇・悪条件のパート＝時給労働市場の構造を補完・再生産してしまう、という指摘である。これは簡潔にして妥当な指摘として評価されよう。

そして注目すべきは、先に見た時給労働者の給与所得控除限度額倍増要求に対するマスコミ・行政側の扱いから受けた印象をはっきりと問題化し、それに応じた戦略を練っているところである。つまり、あくまで「主婦」の問題としてのみ片づけようとするマスコミ・行政の（意図的／無自覚的）風潮に対して違和感と苛立ちを抱き、「労働者」としての自覚と誇りを取り戻す運動路線を志向しつつも、「戦略」として、「向う側の知恵を、逆手にとって活動」することも考慮しているのである。ここからは、運動における理想と現実の相克を、最大効用を引き出すかたちで止揚させようとする、実践的な意識を窺うことができる。

山口はまた、一九八五年の論文のなかで「ひまつぶしパート」言説批判を展開しているが、マスコミ等でこうした言説が出てくる原因を、パート問題が「〈主婦〉の問題だとされているから」と明言している。

〈パート〉問題が労働条件等々に関していえば、縁辺労働者の劣悪な待遇問題、労働問題がとりこぼしてき、そしていま止揚をせまられている問題であるにもかかわらず、この種の問題の専門家から〈ピンク〉扱いをうけ、問題の本質にせまることを意識的にあるいは先に述べたエコー効果〔〈ひまつぶしパート〉という語をマスコミ界でエコーさせること〕で無意識に、**〈女〉とくに意識の低いと予断されている〈主婦〉の問題だとされているからです。**〔山口、一九八五→一九八九、三二二頁〕

このような状況分析から、山口らは以降の運動における「戦略」を練り直していくことになる。

パート問題は「主婦問題ではなく労働問題」

続いて山口の一九八六年のレポートを見てみよう。

> 時給の安さとその他の待遇は正の相関関係です。**良くない「労働条件」がパートの語一語で社会的地位の低さ、差別視で裏うちされ、企業内での地位の低さの正当化となり、時給で働く者の誇《ママ》をうちくだいてしまい、労働者意識ではなく主婦意識に依拠して自己の体面の保全をはかることとなります。**
>
> 〔…〕
>
> 夫の扶養家族手当や所得控除限度額九〇万円の問題もトータルには時給を安く抑《マ》る《マ》一因となっています。しかし九〇万円の年収が、控除から独立して採算のとれるといわれる一一〇万円の年収になるには突然二〇万円のボーナスが出るわけではない以上、毎日一時間余計に働き年収を増す方法しかありません。一日七時間に時短している者が八時間になるのでは、安時給のパートに甘んずる最大の理由を失うわけで実現不可能です。むしろ一〇〇万円前後の年収の者に課税することがあやまり

で、**税制度不備の問題を女の自立意識にすりかえて、時給安や待遇の悪さの隠蔽に使われているようです。**

更に、時給安の問題と主婦の意識云々ということで本来は終身雇傭《ママ》の正社員待遇をすべき雑事務、雑務系の仕事を〔担い〕主に**長期常用パートの名で安い時給で使いすてられている人々の「生活給」の必要性の問題が意図的にかくされています。**生活階層から云うと、借家・アパート・公営住宅等に住んで、生活設計自体が不安定な階層です。　〔山口、一九八六a→一九八九、三〇一頁〕

次に女子労働に関する理論の遅れ、特に無職状態の専業主婦層の位置づけが女権派的女性開放《ママ》論の限界で不十分であるため、時給労働に関して無力です。**その「働き続けるべき論」では、専業主婦から時給労働者へと移行し中高年ブルーカラー・グレーカラーになる低賃金労働の問題に展望が見出せないからです。**〔山口、同、三〇一頁〕

パート差別の状況や税制度の不備の問題、「働き続けるべき論」批判など、主張の主な内容は従来のとおりであるが、この時点になると、「労働」の問題を「主婦的状況」の問題とセットとして語る傾向が薄れてくる。それよりも、パート「差別」という表現または「長期常用パート」・「中高年ブルーカラー・グレーカラー」といった言葉で、労働条件における「社会的地位」ならびに「階層」問題を前面に出して論じていくようになる。[11] また、ここでは加えて「「生活給」の必要性の問題」にも言及しており、従来より一歩踏み込んだ指摘を展開していることがわかる。

同じく一九八六年の新聞への投稿文においては、「専業主婦特別控除」というかたちでのパート減税に反対しているが、[12] その理由は「労働条件による（女の）階層固定化」という点にあった。

配偶者控除（三十三万円）に半額程度の配偶者特別控除を新設して上乗せする、という政府税制調査会の今回の答申は、女性の社会参加に逆行する点があり、新しい減税として単純に喜べません。

まず〝専業主婦特別控除〟という考えでパート減税をすることに反対です。

［…］

今回の専業主婦特別控除はマクロにみれば、女性の経済的自立の大きな障害となる減税であると強く指摘したいと思います。つまり、すでに発足してしまったサラリーマンの妻の年金での優遇策と相まって、**非課税限度額枠内でのパート志向が主**

婦たちの中に再度広まることです。

年金と税の面で非労働者の扱いをうけることと引き換えに、限度内とはいえ、年百万円を安い時給で働き出すために、その職場の時給を低く抑える口実に使われないでしょうか。低時給は他の給付（年次有給・定昇・賞与）をも低レベルにされる危険があります。

パート主婦層の中でも主に中堅サラリーマンの妻たちをねらった今回のパート減税は、中流意識の保守には大いに役立つかもしれませんが、その恩恵に浴するほど年収の多くない労働者たちの問題が隠蔽《いんぺい》されてしまいます。それも日給月給で年収が市都民税非課税とか公営住宅一、二種に該当する層、さまざまな欠損家族、リタイアした夫に代わり、家計の主たる責任者になってしまった中高年ブルーカラーの女性たち。社会福祉のお世話にならずに自助能力を高めようとする多くのパート時

11——これは、第2章で見た、「パート」という身分の設定自体の問題性を問うていた広田［109頁以下］と共通する志向であることに加えて、（同じく第2章で）竹中恵美子がパートに関して「短時間労働者としての社会的地位の格付け」の必要性を訴えていたこと［117頁以下］とも合致する論旨である。

12——「配偶者特別控除」は、一九八七年に導入され、二〇〇四年に部分的に廃止された。

給労働者が、減税対象にならないのです。

さらに、あらゆる職場で男女格差とたたかいながら「働き続けている妻」と「働いていない・働けない・働きを限度内で抑える妻」とを対立させることになります。就労の有無は、女性解放論的にいえば、本人や家族の意思以上に社会的要因が作用しており、この要因の排除こそが女性解放の目的でもあるわけですから、税制受益関係で分断されることには反対です。

〔山口、一九八六b〕

ここでも、「年収の多くない労働者たち」・「中高年ブルーカラーの女性たち」といった表現でもって、それまで「主婦」と一括して表現されてきた女たちを、階層的に独立した存在対象として示している。つまり、この一九八六年の時点において、山口はより明確に階層性に強くポイントを置いた論(アピール)を組み立てる方向性とそれへの確信を獲得したことがわかる。これは、先に見たような、もれなくパート問題＝「主婦」問題と扱われる状況を受けての、一つの戦略的対応と見ることができるだろう。

そして、山口は一九八九年に発表した「元気印・パート「労働者」宣言」〔山口、一九八九a〕において、低時給・低待遇の問題は「あくまで主婦問題ではなく「労働問題」」と明言するに至る。

この間我々のかかえる問題を、世に訴える場がいくつかあったなかで、必ずフレームがつけられてきたのが「主婦」です。主婦が困っているという形にするとTVも新聞も担当者が制作しやすいようでした。**低時給・低待遇であることは、あくまで産業の二重構造の全き当身大《ママ》である雇用の二重構造の問題で縁辺で働く者の問題・基本的には労働問題である**という主張は今もって、マスコミ等の扱い《ママ》場合は削除の対象ではあります。が、ともかく、**あくまで主婦問題ではなく「労働問題」です。**星〔三穂子〕さんが繰り返し主張されたように「ただふつうに働きたい」ふつうの労働者として私たち中高年の女たちを扱ってほしいだけなのです。

ではなぜ労働問題が主婦問題にすりかえられてしまうのでしょうか？

まず、税制度という面からみれば、低賃金層への課税ですから、毎年いくら少く《ママ》みても物価上昇分に見合う賃金上昇があるわけで、非課税限度額を手なおしせず放置すること数年でかなりの低所得者層が課税対象に入ってしまうという自明の構造があります。ところがこの非課税額すれすれの低収入者は具体的には学生・老人・身障者・主婦等、何等かの点で社会的弱者であり、発言力をもてないので、個人的な工夫で非課税者になることが唯一、不合理税制への抵抗であるわけです。

次に労働者の側にも労働力を売る場合の自分の側のコストというものがあるのですが、〔…〕各自が生活していく上で自分の収支のソロバンをはじいて課税対象者にならぬ方が総合的に優利《ママ》であれば、損してまで自分を売らないという経済原則で働かない訳です。〔…〕

　ところが、その工夫をしている者が、社会的弱者であるため差別予断が入ります。「夫の稼ぎにあまえ、主婦の座に安住し、自立して働く気がない」「一気に思いきって正社員になって収支が黒字になるように働ければいい」という極論も、今なおあります。個人意識がたとえ「夫への甘え」でも、低収入者への課税がよくないこととは別。低時給と年稼働時間の積が所得税限度額となる周辺労働の現場では個人が夫からの自立意識を媒介により高自給か年稼働時間増による年収の突然増（九〇万円→百二十万円の黒字ラインへ）を評論的に望まれても、問題の解決にはならないのです。まず個人的には、高時給職場への転職か、稼働時間の増加で「積」がふえるわけですが、転職は個人の暁倖《ママ》であり雇用構造上はむりな注文です。そして、時間増は長期常用パートという労働市場の低賃金構造そのものです。**つまり労働者全体としては低時給と年所定労働時間の積が非課税限度額と一致することで、「時給」相場がいつまでも上昇しない「労働力」の買いたたき構造を労働運動として問題化**

することが主軸です。とにかくそのような問題提起のため国会へ請願にふみきりました。

［山口、一九八九b、九－一〇頁。原文ゴシックの箇所は傍点で示した］

やはり注目すべきは、「低時給・低待遇であることは、〔…〕主婦問題ではなく「労働問題」という、約一〇年前の一九七八年とはまったく逆の表現を打ち出していることである。これはもちろん、思想の変節ということではない。パート問題が「主婦」の問題であることも、その事実認識にも、当然変わりはない。しかし、先に山口が述べていたように、どうしても（一括総称としての）「主婦」の問題としてマスコミ等の場で捉えられ、あろうことか行政的には「配偶者特別控除」なる本来的に逆効果の「主婦」政策をとられてしまうような現状においては、すべからく主張のレトリックを転換せざるをえなかった、ということである。つまりこれは、たんなる（記号戦略的な）レトリックの転換と片づけてよい表層的な問題ではなく、「運動」の過程における一定の必然的意味をもった戦略的行為として、その意味を価値づけることができるだろう。

そうした意味では、「ふつうの労働者として私たち中高年の女たちを扱ってほしい」という表現も、意味深い。これまで見てきた、主婦性と労働をめぐる山口の思考を紐解いてみれば、この表現は、いうなれば逆の逆で三六〇度回転して到達したものである。

現実的には、山口は、「パート保護法反対」を掲げ、パート労働者の戦術として「労基法に直結してしまおう」と呼びかけていた〔村上、二〇一二b〕。具体的には、「パート＝時給労働者＝の権利保護は別途立法ではなく、労基法に時間単位の保護を入れるように」〔山口、一九八五→一九八九、三一八頁〕と提起していた。「主婦」であるゆえ、そして「パート」という身分であるゆえ与えられる、保護という名目の裏返しの別途（差別）待遇を拒否し、「労働者」という普遍的な立脚点をパート労働者自身がとり込み、根づかせることを志向していたのである。それは、労働をめぐる主婦的状況の葛藤・矛盾を止揚したうえでの、きわめて高次な段階の運動的理想であった。

ともあれ、ここで当初の賃労働の場において女性に被される（普遍的な）「主婦性、主婦的状況」の強調から、低収入・周辺労働の地平にある女性「労働者」の（現実の）階層的性格規定へと、（労働疎外や不公正税制を語る）問題設定の重点をシフトさせたことが確認できる。これは、先に確認したように、マスコミ・行政の扱いを受けての戦略的対応の結果であると同時に、「パート問題」を本質的に解明・解決していくために必要な変化であったともいえる。つまりこの変転によって、「労働者全体として」このパート＝時給労働者の構造的問題を「労働運動として問題化することが主軸」であるという、（「主婦」－女性を対象とするにとどまらない）拡張性をもった呼びかけが可能になったのである。換言すれば、パート＝時給労働者という労働形態が抱える諸矛盾の渦に徹底して身を置いて、「労働」の問題、「労働者」の内部の、そして内部から弾かれる外部の問題、さらに家族など身辺環境に付随する税制度の問題を紐解いていく姿勢を堅持したことで、従来の本工－パート／家族賃金－無償労働といった、単線的・対比的な図式からは抽出しえなかったような、（男－）女の労働・賃金・所得・階層をめぐる関係性を、新たに追求できるようになったといえよう。《主婦－パート》の困難さ・悲惨さを訴える次元から、《パート－労働》の本質的問題化へと、理論ならびに運動におけるパラダイム・シフトを遂げたのである。

まとめにかえて

以上の考察をもって私は、〈主婦の立場から女解放を考える会〉・〈パート・未組織労働者連絡会〉による主張と運動の模索の過程を、労働市場の下方に滞留する女性たちの主体的な理論＝運動構築実践の成果として、また広義における女性解放運動の進化・深化をもたらしたものとして評価すると同時に、日本における非正規雇用問題をめぐる労働運動の一つの先駆的存在として位置づけたい。

先の第2章では、「主婦パート」の問題を「組合への組織化」でもって解決しようとする論者たちの意見を確認したが、それとはまったく違ったかたちで、このような当事者による主体的運動が展開されたことは、大きな意味をもっている。

その一方、非課税限度額の引き上げという戦略や、配偶者控除そのものの撤廃を主張していないこと――つまり既存の税制度を完全には否定しないこと――をもって、彼女らの方針を現状妥協的であり家族賃金制を温存するものとみなす批判的な評価もありえよう。たしかに、ここに体制変革の文脈における女性解放運動としての画期的なラディカルさを見出すことはできないし、あらかじめ一定の「限界」を課せられた運動方針であることは認めざるをえない。しかし、あくまで低階層の「主婦」、低収入・低待遇の「労働者」という、戦後日本において恒常的に女性のなかで大きな割合を占めている（にもかかわらずその存在がクローズ・アップされることのない）層の、その時点での《生存・生活・労働》に基軸を置いたこの運動を、誤った方向性をもった運動だったと裁断することはけっしてできないし、[13]逆にいえば、そうした立場に立った運動の遂行者に対して先鋭的に現状を否定する方針を求めること自体、理にかなわないことといえる。彼女らは、そもそも先導的・啓蒙的な女性解放論者や指導者ではないし、自分たちはそうした思想や喧伝から「積み残された」層であるという意識から出発しているからである。むろん、それをたんなる「被害者意識」と見なすことは適切でない。山口は、「職場で男女格差とたたかいながら「働き続けている妻」」をけっして否定的・敵対的に捉えたりはしておらず、そうした層と自分たちとが分断させられている制度や現状こそを問題にしているからである。◁14

最後に、山口らが描く「パート」＝「時給労働者」観と、それにもとづく巨視的な構想を検討しておきたい。当初山口は「パート率の歯止め」を問題にしていたが、これは先に確認したとおり、「パート」という労働形態・立場そのものにマイナス価値を付与していたわ

13――塩田咲子は、「パートタイマーの問題は非課税限度額の引上げにあるのではない」と断りつつも以下のように述べる。

もし、引き上げるにしても、基礎控除を引き上げるべきで、「パート減税」といったパートにのみ適用されるような減税は、パートタイマーをいっそう特殊な雇用者に隔離していくことになる。こうした保護を続けるかぎり、労働者とは異なる雇用者が増加し、低賃金労働者群による全体的な労働条件の低下だけでなく、女性自身の経済自立からも遠くなる。〔塩田、一九九四、一六七頁〕

この指摘は山口らの主張・運動内容とまったく一致している。

とはいえ、彼女らが「働く女性」総体の（ひいては男性労働者・失業者を含めた）分断状況を克服するための将来的な具体的施策・包括的展望を、この段階で提出するには至らなかったことも事実ではある。

けではなく、内実として現労働市場の矛盾と課題を抱え込んだ状況の具現化として「パート」を問題にしていたのである。[15] 山口は後に、「パート」の語を言い換え、その短時間・非常勤雇用労働の本質的側面をプラス価値で捉え直す試みも行なっている。例としては、一九八九年に出された「ビューティフル・テンポラリー・ワーカー」なる簡単な構想がある［山口、一九八九b］。ここで山口は、「主体的な短時間労働者、つまりビューティフル・主婦・パート」を理想と置き、「時給が安く、雇用上の不安がある」という二点のネックをクリアすることを条件に、現在の「パート」という形態をもとにした「二十一世紀のビューティフル・ワーカー論」を提示している。[16]

こうした、パート労働の主体的価値転換という発想からは、ヴェロニカ・ビーチがその著書［Beechey, 1987＝一九九三］で、「将来の労働力の形態」を展望して、パートタイム労働という制度を働く側の自由のために活用する戦略を提示していたことが想起されよう。[17] ここでは、ビーチがポイントを置いた、女性のパート労働の形式的枠組みを利用した「労働」自体の再編成に対する期待[18]——これは第2章で見た神田道子の考えと非常に近い——は、山口が自ら実践してきた理論＝運動の模索の過程、ならびにそこから導き出した「理想論」とオーバーラップさせてみることで、より具体的な展望を開く可能性があることを指摘しておきたい。[19]

いずれにせよ、山口を中心とする〈主婦の立場から女解放を考える会〉・〈パート・未組織労働者連絡会〉の試みは、(国会請願など)現実的な行動＝成果としても、自前の理論構築の軌跡としても、その可能性と限界性——なぜ一定の限界のある論にもかかわらず主張したか、まで——を含めて、改めて顧みるに値するものであることは確認しておきたい。[20]

以上で、一九七〇年代後半から八〇年代にかけての、IV「構造的貧困論」の立場にある

14——現時点から見て、彼女らの主張に「足りない」ものを挙げることは容易に可能である。たとえば同一価値労働同一賃金原則である。しかし当時は「男女同一労働同一賃金」が主に問題となっていた時期であり、「同一価値」を論点とした議論はほとんどなかった[「津田、一九九一、参照」]。またもしこれを前面に出して主張していたとしたら、(女性の経済的自立が多くの場合想定されるのであるから)逆に非課税限度額のことは問題にしていないはずである。私は、その時点でそう主張したほうが「正しかった」という判断をここで下すことには躊躇する。そもそもその運動方針が行政、既存労組、働く女性たちに受け入れられる「見込み」を鑑みれば、非課税限度額と時給アップで闘ったほうが獲得できる可能性は高かったはずだからである。実際、所得税の非課税限度額は、じょじょに上昇していき、一九八四年には九〇万円に引き上げられた。

また、家事労働の(経済的)評価についても、山口らは、ほとんど触れていない。これは、そもそも彼女らが「家事労働有償論」などとは無縁の(稼ぎ手＝夫の収入がそもそも低い)階層を前提として論を進めているからである。

主婦たちによる思想・運動の内実とその戦略の意義についての検討を終える。次の章では、八〇年代に始まったⅢ「運動主体論」の主婦たちによるワーカーズ・コレクティブという試みを検討したうえで、Ⅲ－Ⅳの関係性の難しさ・やっかいさについて確認してみたい。

15――繰り返しになるが、立場としての「パート」自体を克服対象とし、「本工化」を指標としていたわけではない。問題は「パート」に集約される現状と構造的要因であって、「時給労働者」も「ふつうの労働者」として扱え、という要求の実現によってこれは克服されるべきこととしていた。

16――簡潔にまとめると、一週間を「三日――労働日」、「二日――家事・育児――生命再生産の日」、「二日――レジャーから政治まで様々な社会的活動日」とし、賃金は「現在の時給の三倍から四倍」とするもの〔山口、一九八九b、三三一頁〕。

17――確認だが、山口の論はビーチの論を意識して書かれたものではない。

18――以下に、特に有効と思われるビーチの指摘を引用しておく。

労働を編成するには、二つの主要な道がある。その道というのは、〔…〕人口のさまざまなグループのあいだの労働の不平等をなくすような方向に進める道であるだろう。第一の道は、パートタイム労働者の賃金を引き上げ、フルタイム労働者と平等な権利を認めることによって、その状況を改善することである。そしてまた職業的階層制におけるあらゆるレベルでのジョブ・シェアリングやパートタイム勤務を導入し、雇用構造に弾力性をうちたて、その結果人びとは、労働の生涯を通じて、パートタイムとフルタイムのあいだを移動することができるようにすることである。こうした方策は、主として女性の状況を改善することになるであろう。パートタイム労働者の圧倒的多数は女性であるからである。しかしどんな措置であれ、パートタイム労働自体の状況を改善する措置は、パートタイム労働を男性にとっても魅力あるものにすることだろう。

〔Beechey, 1987＝一九九三、二六一－二六二頁〕。

19――山口（＝国沢）は、「日本的雇用」に対するオルタナティブな「人間らしい生活時間の積極的なデザインの結果」としての「テンポラリーワーク」の構想において、主婦を含めた「周辺労働者としてこのジョブシェアリングに挑戦している者たち」にその主体として期待をかけている〔国沢、一九八七、一九八九〕。

20――〈主婦の立場から女解放を考える会〉、〈パート・未組織労働者連絡会〉に関するデータは、筆者・村上が作成した以下のページで紹介している。http://www.arsvi.com/d/p12.htm

6 主婦だからできる「働き」？
――ワーカーズ・コレクティブのアポリア

この章では、一九八〇年代に生まれた、主婦の自律的な労働実践としての「ワーカーズ・コレクティブ」[1]が、いかなる課題を内包してきたかを確認したうえで、雇用危機の現状における雇用対策として期待されている「協同労働」の内実・現況の分析を通して、その性格の変容を捕捉し、さらにその変容のもつ意味を検討する。

キー・ポイントは、「主婦」が「地域」のために「非営利」で仕事をする、という点――理念としても実態としても――にある。この点において、これまでワーカーズ・コレクティブを組織してきた主婦たちの意識が、現在の労働市場における雇用環境を受けて、どのような方向性を（新たに）模索しているのかを確認する。

この作業から、いま構想されうる「女性による」「地域のための」「新しい労働主体」とはいかなる存在であるのか、はたしてそれは可能なのか、そこにはどのようなジレンマや限界、そして展望を見出しうるのかを考察していく。

主婦たちの労働実践としてのワーカーズ・コレクティブ

ワーカーズ・コレクティブの経緯

日本のワーカーズ・コレクティブは、一九八二年に〈生活クラブ生協・神奈川〉から派生するかたちで〈ワーカーズ・コレクティブ・にんじん〉が誕生したことに始まり、その後各

1――ワーカーズ・コレクティブとは、もっとも一般的な解説では、「雇う－雇われるという関係ではなく、働く者同士が共同で出資して、それぞれが事業主として対等に働く労働者協同組合のことである」［浅倉、二〇〇五、三八一頁］。その組織としてのありかたに関する最近の研究成果として、三枝［二〇〇三］。

地に広がっていった。生活クラブ生協に参加していた主婦たちが主体となって、雇う－雇われる関係ではない、地域に根差した、地域のための、「生活者」としての協同労働が模索された。その（一九九〇年代半ばまでの）過程と実態については、佐藤慶幸・天野正子らによる一連の成果［佐藤編、一九八八。佐藤・天野・那須編、一九九五。佐藤、一九九六。など］に詳しい。

〈生活クラブ生協・東京〉の宮川芳昭常務理事[2]によれば、ワーカーズ・コレクティブの定義は、「生活クラブ生協の組合員が自分たちの住む地域に、自分たちや周辺の人々がその生活状態から必要とするものを創り出す地域事業」［高杉、一九八八、一二頁］となる。その理念は、「こんな［男性社会の］職場に進出しても女性の自立は夢物語です。使い捨て労働力として潰されるより、男の作った社会の駄目さを反省し、GNP至上主義や生産第一主義を反省し、自分たちの職場を自分たちで興し、労働と生産の主体になろう。地域住民に喜ばれ自分も働きやすい職場を、巨大化しない二五人以下の規模で作ろう。働きに出ても家庭を破壊しない形で、一日四、五時間労働をしよう」［高杉、一九八八、一一－一二頁］というものだった。[3]

つまりワーカーズ・コレクティブは、当初より、主婦の〈家事に支障のない範囲での〉短時間労働であることが前提とされていたのである。

〈特定非営利活動法人ワーカーズ・コレクティブ協会〉の黒川眞佐子は、「当時の女性たちが、生協活動からワーカーズの方へと一歩を踏み出したのは、どういう状況があった」〔黒川・伊藤・中村・栗田・杉田、二〇〇八、六三頁〕のか、という問いに対して、以下のように答えている。

その人ごとに色々な動機はあったと思うけど、やっぱり、「女性の新しい働きの場」を作ることを求めたんじゃないかな。当時、女性の仕事先はパートしかなかったんですよ。授業参観や宅配の受け取りのため仕事を休むなんて、とんでもなかった。でもワーカーズでは、それが通る。むしろごく当たり前のこと。それが根本的

2――以下、人物に関する所属・肩書きはすべて参照した文献に書かれた当時のもの。

3――高杉晋吾は、生活クラブ生協の運動の現代社会的な意味を、「女性が地域で受動的消費者ではなく、生産される消費財についてまで能動的に働きかける主体として、地域社会で手を結び始めた」〔高杉、一九八八、四頁〕点に見出している。これを「消費」ではなく「労働」において実践したのがワーカーズ・コレクティブの試みといえる。天野は、ワーカーズ・コレクティブでの女性たちの活動を、現場で働く女性当事者の発言をもとに、「モノやサービスを「使う側」から「使う側に立ってつくる側」への発展、「生活者」から「生活者として働く」ことへの展開過程」〔天野、一九九六、二一二頁〕と位置づけている。

な違いです。選択肢がパートしか無いなら、自分たちで働く場を作るしかない。ヒントはアメリカに既にありましたし。生活クラブ生協の動向と、パート主婦たちの生活上の目標が、うまく合流したのでしょう。

［黒川・伊藤・中村・栗田・杉田、同、六三－六四頁］

主婦が、主婦でありつつ無理せずに働ける場を自分たちでつくる。それが当事者ならびに生活クラブ生協の理想――と同時に現実的対応――であったことがわかる。

次に、「働き方」の創出という点に注目してみよう。

金森トシエは、「子育てを終えた主婦の大半がたずさわるパート就労をふくめて、多くの就労者は企業の要請にあわせて〝働かされている〟のが実情であり〝主体的な働き方〟には遠い状況にある」ことから、主婦たちが「従来の職業（ジョブ）、事業（ビジネス）とは違う「新しい仕事・働き方」（ニューワーク）を模索」［金森・天野・藤原・久場、一九八九、二頁］するようになったと、一九八九年の時点で指摘している。

その金森の分析と同じ時期における、仕出し弁当屋として「仕事づくり」に取り組む主婦当事者の言葉として、以下のものがある。

> 主婦の活動は、夫が外で働き、主婦はその影の部分を支え補うという性別役割分業を基盤に成り立っている。暮らしの矛盾に気付き、解決しようと努力しても成果があがらないのは、陰である自分たちがいつまでも陰の存在でしかないからではないのか。主婦の自立を、既存の賃労働という系列に組み込むのではなく、新しい形で、地域のなかに創り出せないだろうか。
>
> 主婦という立場を大事にしつつ、なお経済的な自立を可能にしていく労働形態は考えられないか。
>
> ［天野、一九八九、九四頁、傍点は原文］

「主婦という立場を大事にしつつ」、「新しい形で、地域のなかに」、「経済的な自立を可能に」する仕事をつくる、という理念。そして、この発言からは、それだけでなく、主婦でありつつ「性別役割分業」の仕組みをなんとか改編したいという意図も読み取れる。

天野［一九八九］は、主婦の「仕事づくり」の登場を用意した四つの現実的基盤を挙げる。①サービス産業の進展と「生活世界」の変化、②「働く主婦の時代」の到来と「働かされ方」の問題、③都市住民としての女性による、暮らしの変革をめざす多彩で自律的な社会活動の新たな展開、④「生活者」としての主婦の主体形成――である。

総合すると、状況的に、主婦の多様な主体化が可能になったという条件がある。たんなる主婦業以外で、主婦としての自己実現を図る選択肢として、以前からあった地域での社会活動に加え——またそれを発展させるかたちで——、パート労働以外の「働き方」の選択肢がもてるようになった。それは、意識面の変革だけでなく、経済的にある程度の余裕があることが前提条件となる。[◁4] では、そのうえに成り立つ主婦の「自立」とはどのようなイメージになるのか。

　生活クラブにおける自立の方向性は、「「専業主婦」（専業消費者）から「就業する主婦」（兼業主婦）へではなく、「生活者」（脱専業主婦・脱消費者）へ、さらに「生活者として働く主婦」へ」〔天野、一九八八、四〇一頁〕という道筋であり、それは既存の男性中心の労働社会における「自立」とは異なる、それを超えた「自立」像につながるのだと天野は述べる。佐藤は、「普通の主婦から出発し活動することをとおして主婦を超えた女性、あるいは初めから主婦だけに収まることのできなかった女性が中心となって、生活クラブ生協を拡大してきた」〔佐藤、一九九五、一七〇頁〕と評価する。

　主婦であるからこそ可能なこととして始まった「オルタナティブな働き方」には、それを通して主婦を「超える」という理想が内包されているといえる。しかしそれは、一枚岩としてあるわけではないし、理念的な意味でも現実的な意味でも大きな困難をともなう「理想」である。

ワーカーズ・コレクティブの問題点

ワーカーズ・コレクティブのような、「新しい働き方」に参加する主婦たちによる「自立」を目指す動きが出てきた要因とその展望を、天野は次のようにまとめている。

「仕事づくり」に参加した主婦たちは、そうしたなかで、あえて専業主婦の座にとどまり、貨幣との交換価値がないために、「陰の存在」でしかない家事労働を日常的にくりかえしながら、後ろめたさを抱きつつ、社会活動を続ける。そしてその過程で、これまで自明とされてきた、既存の雇用労働に組み込まれるという形での女性の自立の方向性や、男性の働き方、貨幣収入のえかたやその収入による生活のしかたなどのひとつ一つに疑いのまなざしをむけていく。

4――「生活クラブ組合員の平均的なイメージ」は、「東京近郊の住宅地に住む、ホワイトカラー・サラリーマンを夫に持ち、子育て真っ最中の、あるいは子育てから解放されつつある、比較的学歴の高い主婦」であり、生活クラブの運動は「いわゆる中間階層（特に、大都市近郊に居住する中間層）に属する人びとの行動様式と密接に結びついている」［大屋、一九八八、三〇九頁］ことが指摘されている。

こうした過程を通して、彼女らはやがて、これまで外側から規定されてきた女性の自立を、自分たちの生きる場から新しく定義しなおすことを考えるようになる。同じ状況にある主婦たちが協同することによって、自らの賃金と労働で地域のなかに自前の働き方を創っていく方向はありえないだろうか――。

［天野、一九八九、一一三―一一四頁、傍点は原文］

自らが定義する「自立」を目指して協同で働き方を創出する主婦たちの動き。その流れをひとまず肯定的に捉えてみるなら、こうしたかたちになる。しかしここで重要なのは、「後ろめたさ」というネガティブな意識経験を経由していることである。

既存の労働社会における経済的な「自立」を前提としないとはいえ、それとの葛藤はつねにつきまとう。ワーカーズ・コレクティブの「最大の問題は、全生活をかけて選びとったこうした新しい働き方が、メンバーが自立し、生活していく現実的条件をまだつくり出し得ていないという点にある」［天野、一九八八、四三五頁］とされる。この状況は現在においても変化していない。[5]

しかし、「主婦であるがゆえ」、「一般の市場の労働でないがゆえ」という条件を、当事者は冷静に受け止めてもいる。〈生活クラブ生協・多摩〉のメンバー石山枝美子は、「私はね、「主人の月給上まわらないと自立できない」とか、「停年退職後の主人を使うんだ」とか言ってました。アハハハ。主人は主人で「よくあれだけ働いて、それだけの収入でがまんしてる」なんて私に言うんです。でもね、好きなことして、やりがいのあることとして、子どものことだってチャンと見てられて、PTAの会長までして、これだけ収入があるの偉いと思ってちょうだい、とか言って威張ってるんですよ」〔高杉、一九八八、一四一頁〕と発言している。

また、天野が注目した、ワーカーズ・コレクティブで働く当事者の言葉として、以下のものがある。

私は主婦よ、と一線を引いてやろうとする人と、その枠をのりこえようとする人とのズレかもしれない。いまの最大の問題は。私は主婦よ、という働き方は、ある

5――「二〇〇五年度ワーカーズ・コレクティブ近畿連絡会のアンケート」結果では、「ワーカーズでの収入は?」という質問に対し、回答数一六五のなか、一〇三万円未満が一四九、うち二〇万円未満が六二である〔ワーカーズ・コレクティブ近畿連絡会、二〇〇六a、三九頁〕。

ときはゆとりなんだけど、生活がかかっていないことで逃げちゃうのネ。お金がほしい、そのために何でもやるというフンギリがつかない。課税限度額の九〇万円がどうしてもこえられない。赤字を出したくない、借金はしないというかたぎの主婦感覚は大切なんだけど、それでは思いきったことはできないのよ。この私？　二つの間をゆれているの、ゆらゆらとネ。主婦にはいつも安全な逃げ場が用意されている。このことがプラスにもマイナスにもなる。これが私自身の大きな問題。

〔天野、一九八八、三九二頁〕

「主婦として働く」ことの強みと弱みがきわめて冷静に語られ、その両面を同時に受け止めつつ進まざるをえない状況が窺える。夫の収入への依存によって成り立つ「新しい働き方」、「自立」——その状況は、当の主婦自身にとって、「後ろめたさ」の要因となり、意識的にはデメリットであり、しかし、現実的にはメリットでもある。

土屋葉は、地域でボランティア活動に従事する主婦たちの調査を通して、「もちろん自分が収入を得なくても暮らしていける、ということは彼女たちの経済的な拠り所であるだけではなく、精神的な拠り所にもなっているはずだ。しかし、それが失われた時のことを考えた途端、自分たちの価値のある活動は足元から崩れていくことになる。それに気づいてしまった主婦たちは、パートを否定したり、或いは「活動のために」自分で収入を得る道を模索しようと試みたりする。だが、その道はあまりにも「自分たちの活動」とは対極に位置している。そのため、否応なく「経済的自立」と「活動の自由さ」の間にはさまれた主婦は悩みつづけることになる」［土屋、一九九六、一五一頁］と指摘している。

主婦たちによる「新しい働き方」は、夫の稼ぎを活動の前提とし、夫を支える家庭役割を重視するという点において、性別役割分業体制と（男性）企業社会――それにのっとった生産・消費社会――を、否定しようとしているにもかかわらず、内実は肯定・補強するうえで成り立っている。これがワーカーズ・コレクティブの「課題」として指摘されてきた、もっとも大きなポイントである[6]［今井、一九九五。天野、一九九六。など］。本来「オルタナティブな働き方」の実践によってなされるべき「意識のうえでの性別分業の流動化は、現

6――天野は、「「資本」に寄与することの少ない、自前の働き方を選びとったワーカーズ・コレクティヴのメンバーたちが、実は資本の論理にくみこまれている夫の働きかたを内部からしっかりと支えているのではないかという、外部からのワーカーズ・コレクティヴ批判は、こうしたもっとも基本的な夫－妻の関係、家族の現実を的確についている」［天野、一九九六、二二四頁］と指摘する。

実の行動によって裏切られて」［天野、一九九六、二二二頁］しまっている。

その対策として、「生活者になるための実践の過程に、男性を積極的にまきこんでいく論理の大切さ」［天野、同、二二五頁］が強調される。「生活者」概念のジェンダー・ニュートラル化である。生産世界にいる男性を生活世界に引き込む、という戦略は特に目新しいものではなく、[◁7] とはいえ、それがこれまで「成功」してきたといえる状況にはない。ひとことでいって、「困難」な理想ではある。

しかし、こうした理念・理想の話とは裏腹に注目すべき点として、近年、これまで前提となってきた「基本的な夫－妻の関係」を成立させる要件である成人男性の働き方自体が瓦解してきている現状がある。そうなると、はたしてワーカーズ・コレクティブやそこでの主婦の働き方のありよう、それへの評価は、どう変化するのだろうか。

そこで次に、生活クラブ生協から生まれた主婦による新しい働き方としてのワーカーズ・コレクティブとは性格の異なる、新しい働き方＝「協同労働」の理念と実践過程をもつ取り組みを確認して、両者の差異と共通点を明らかにし、結果として何が問題となるのかを考えてみたい。

日本の労働者協同組合が抱える問題

ワーカーズ・コープとの比較

ここで注目しておきたいのが、「ワーカーズ・コープ」という存在である。石見尚の定義では、「労働する者が協同労働による多様な事業体を創る仕組みは、現代の世界的な用語ではワーカーズ・コオペラティブ（略称ワーカーズ・コープ）と呼ばれ、先進工業国では常識になっている」〔石見編、二〇〇〇、九頁〕とされる。比較すれば、ワーカーズ・コープのほうが、ワーカーズ・コレクティブよりも普遍性の高い概念・用語となる。

佐藤は、ワーカーズ・コープと（日本の）ワーカーズ・コレクティブとの本質的な差異を以下のように指摘する。

> ワーカーズ・コレクティブは、思想的にはワーカーズ・コオペラティブ（コープ）よりもアナーキー的でラジカルであるが、生活クラブ生協が導入したワーカーズ・

7——第三次主婦論争における武田京子の主張など（第1章40頁以下参照）。

> コレクティブは、ワーカーズ・コープよりも直接民主主義的運営という点でコレクティビズムの思想的影響を受けているとしても、直接にその流れを汲むものではない。しかし、どちらかというと伝統的なワーカーズ・コープではなく、ワーカーズ・コレクティブと命名されたことのうちに現代産業社会に対するより原理的批判が込められているのである。
> 〔佐藤、一九九六、八三頁〕

日本のワーカーズ・コープは、一九七〇年代に、オイルショックで職を失うなどした中高年失業者らが、自分たちで仕事をつくろうと病院清掃や公園緑化などを始めたことがきっかけとされる。いわば、自前の「失業対策事業」であった。したがって、ワーカーズ・コレクティブほど、既存の（男性中心の）市場労働に対する批判性、それに対するオルタナティブであろうとする立場性は強くない。本来働いてしかるべき者（成人健常者男性）が働けないのは理不尽だから自分たちで働く、という方向性であり、その主体の「基準」に関して、これまで内部からの根本的な問い直しはなされてこなかった。

近年、このワーカーズ・コープを中心的に捉え、かつワーカーズ・コレクティブも含み込んだかたちで、「協同労働」・「労働者協同組合」といった用語が使用される。たとえば、最近の新聞記事を見ると、「「協同労働」法制化目指す——超党派で議連　ワーキングプ

ア対策　労働版生協」［『読売新聞』二〇〇八年二月一〇日東京朝刊二頁］という見出しがある。本来、「労働版生協」というのはワーカーズ・コレクティブの特性とみなすべきだが、「ワーキングプア対策」という、既存の「労働者」概念を基準とした言葉が組み合わされており、一般認識における両者の錯綜具合が読み取れる。本文中では、「フリーター、働いても収入が少ない「ワーキングプア」、既に退職した高齢者などが働くための受け皿となることを期待して、［「協同労働の協同組合」の］法的根拠を明確にしようというもので、「脱貧困」対策として、今後の取り組みが注目される」、「企業で正規に雇用されない若者や、退職した高齢者などが集まって、働きやすい職場を自分たちの手で作り、生計を立てられるようにすることが最大の利点で、フリーターなどの新しい働き方として期待されている」とある。

　ワーカーズ・コープ的な理念からすると、現在の雇用環境自体を批判的に問うことよりも、現在の雇用環境からあぶれた労働力をどう救出するか、といった点に重きが置かれる。本来の出自から判断すれば、「市場労働への対抗か補完か」という点において、ワーカーズ・コレクティブとワーカーズ・コープは大まかに対立軸をつくることはできる。

　しかし、現状では、ワーカーズ・コレクティブならびにワーカーズ・コープは、「もともとは失業者や女性の仕事おこしが中心だったのですが、今世界的にも注目されているのは、いわゆるシングルマザー、フリーター、ニートと呼ばれる若者たち、障害者、野宿生活者、

ＨＩＶキャリアの人、受刑者、移民労働者など、社会から排除されてしまう「当事者」といわれている人たちが健常者といわれている人たちとミックスで働く「社会的協同組合」という形です」〔鈴木、二〇〇七、二三頁〕と総括的に説明されている。

その実例として、千葉県佐倉市の〈ワーカーズコレクティブ風車〉の事例が挙げられる。「誰でも働ける場「作った」　引きこもり経験者の親たち、食器の貸出業起業」〔『朝日新聞』二〇一〇年五月一二日ちば首都圏版三一頁〕という記事では、「我が子の不登校や引きこもりを経験した親たちが、食器の貸出業を立ち上げた。大人になった子どもたちもそこで働く。本格的に稼働して一年、売り上げ目標を倍増させるなど健闘中だ。食器を衛生的に繰り返し使う「エコ」な仕事に、若者たちも「もっと働きたい」と意欲を見せる」と紹介されている。

また、「協同労働やりがい実感　出資して事業に参加、経営にも関与」〔『河北新報』二〇一〇年三月一八日（web版「河北新報ニュース」）〕という記事では、「非正規雇用の増加などで雇用の在り方が不安定になる中、「労働者の協同組合」による協同労働が、〔…〕失業者の雇用先としても期待が掛かっている」とされ、「増加している失業者が、就職先を探すのではなく、自分たちで事業を起こす仕組みとして活用できる」、「今後も積極的に障害者の就労を支援したい」という障害福祉サービス事業所所長の談話も載せられている。

このような視点から見れば、ワーカーズ・コレクティブを名のる事業体とそうでない事業体との間に、事実上明確な差異を見出しづらくなってきている。「協同労働」という言葉において、さまざまな理念や形態が総合して称されている現状がある。

ワーカーズ・コレクティブとワーカーズ・コープの利害は共通するか

上野千鶴子は、「ワーカーズ・コレクティブとワーカーズ・コープとは、歴史的に言って仲が悪いんです」と断ったうえで、以下のように指摘する。

> 似たような言葉で呼ばれてるのが不思議だっていうくらい違うんだけれど、この不況期になって両方ともが脚光を浴びてきました。両者の違いよりはむしろ共通点のほうが再発見されるようになってきて、両者が接近してきた。そうなると「新しい働き方」っていうのは、豊かな時代の豊かな人にだけ与えられた選択肢だったのではなくて、そうじゃない時代に、もうひとつの選択肢として浮上してくるような「ワーク」のあり方なんだと。
>
> 〔上野・貴戸・大澤・栗田・杉田、二〇一〇、六一頁〕

整理すると、ワーカーズ・コレクティブは、(夫の安定した稼ぎが見込める)「豊かな時代」だからこそ発展しえた運動体であったが、ここにきて、経済・雇用状況が悪いことを存在要因とするワーカーズ・コープと利害が一致してきた、ということになる。ではそれはどのような意味においてなのだろうか。

栗田　さっき、主婦の人は夫から「何が悩みなの？」と言われたという話がありましたが、ひきこもりやニートの人にもそういう面があると思うんです。外から見ると何が悩みなのかわからなくて、気味悪がられちゃう。一見恵まれているとも見えるもやもやしたところから、新しい働き方の可能性が出てきたことが、私には不思議で。もしかしたら、そこが女性フリーターと主婦が繋がるための落としどころかもしれない。フリーターも、第三世界の貧困に比べたらたいしたことない、ってよく批判されるんです。そう言われると黙るしかない。まあ私も、先日「ワーカーズ・コレクティブはやはり主なる稼ぎ手がパートナーにいる人によって成立してきたのではないですか」という、主婦の人達を黙り込ませるような、身もふたもない挑発的な問いを敢えて投げかけたわけですけど（苦笑）。でも、その黙っちゃうしかないところから、どうやって別の働きや関係を作っていくかが肝だと思うからこそ、あんな質問をしてみたのです。

［黒川・伊藤・中村・栗田・杉田、二〇〇八、六七―六八頁］

栗田隆子は、女性で非婚の非正規雇用労働者としての立場から、このようにいう。主婦と女性フリーター。どちらも、夫や親の収入に依存しているから「働かなくてもよい」存在とされ、ゆえに同時に「働きたくても働けない」存在とされてきた。このように、一見対極に置かれている両者が、労働市場との距離という面では実は共通する条件の上にあり、利害が全面的に対立するわけではなく、奇妙な同居状況が生まれる可能性がある、という指摘がある。

〈特定非営利活動法人ワーカーズ・コレクティブ協会〉の伊藤保子は、「普通の企業だと採用されない人が、集まってくる。〔…〕ワーカーズはもともと社会性を広げる目的があるから、彼女たちを無下に放ってはおけないわけ。私たちが雇用を保証しないと、他に行き場がない。ただ、そういう人たちと軋轢を起こす人もいるんですね。意識の差は大きくて。〔…〕でも、それが私たち女性が事業を起こしたことの意義の一つじゃない。地域の就労弱者の働きの場を創ってきたわけですよ」〔同、六六頁〕と述べる。

「地域の就労弱者の働きの場を創」る活動に携わることは、「女性」による事業の特質として当然のように説明される。これは、主婦の運動としてのワーカーズ・コレクティブの理念・体質に忠実でありながら、同時に「就労支援」というワーカーズ・コープの役割概念も意識され、半ば無自覚的に担われている状況として捉えられるだろう。

さらに杉田俊介は、NPO法人で障害者サポートに従事している立場から、以下のように述べる。

杉田　一九八〇年代のワーカーズ・コレクティブの活動は女性の家事労働や介護労働の社会性を拡張したと思うんですけれど、現在はさらに、外国人や障害者の生き方が、女性の生き方とも交じり合いながら、労働の意味を拡張している、というのを実感しています。身体障害者の事業体が、現在の「協同労働の協同組合法」の法制化運動に参加しているのも、そういうことがあるんじゃないかと。〔同、六七頁〕

ここでは、「外国人や障害者」という、本来正規の労働力としてみなされない存在の増加・前景化が、女性の労働力としての立ち位置にオーバーラップしてきている状況が指摘されている。それは、ポジティブな意味で捉えれば「労働の意味を拡張している」ということになる。しかし、ネガティブに捉えれば、「労働力の女性化」〔竹中・久場編、一九九四〕が、成人男性のみならず周縁労働力にまで拡張されてきた、ともいえる。[8] 生き方が「交じり合」うことの意味は、単純に評価することはできない。

なるほど、「働けない人」が立場上「つながる」ことはありえて、それは意味のあることだとしても、その現実的な「困難」さは看過できない。伊藤は以下のようにいう。

ワーカーズは確かに対等な働きの場だけど、平等と言いつつ、他に行く場所のない就労弱者にとっては、やっぱり弱みがあるから、本当の対等ではないんですよ。対等な話し合いって言っても、言いたいことは言えないし。同じ女性と言っても、そういう置かれた状況の差を超えて、働く場の平等を実践していくのは、すごく大変。ただ、無理に全員の意識を統一して、みんな同じ意識じゃないと入っちゃダメ、っていうのもこわいでしょ。 ［黒川・伊藤・中村・栗田・杉田、二〇〇八、六六頁］

こうした、現実の運営上の問題以外にも、本質的な方向性の問題もある。ワーカーズ・コープはこうした雇用危機の状況を契機に「労働者協同組合」として拡大・発展を目指すとしても、ワーカーズ・コレクティブは、単純にそれと同じというわけにはいかない。

8――さらにいえば、エコ・フェミニズムの成果からは、世界的に労働力全般の「主婦化」が進行していることが指摘されている［Mies, Benholdt-Thomsen and Werlhof, 1988/1991＝一九九五］。

「主婦」を「労働者」化することが、無条件に目指されるべき道ではないからである。

石見尚は、「ワーカーズ・コレクティブの大半の組合員には「労働者」の意識が稀薄で、「生活者」の意識が強い。これからは、職業としての労働をする女性の時代が来るので、生活者感覚をもった「労働者」をワーコレの中でいかに育てることができるかが、問題である」〔石見編、二〇〇〇、二一六頁〕と述べている。はたして、ここで「生活者感覚をもった」という限定をつけたとしても、主婦を中心とした構成員が「労働者」になることをワーカーズ・コレクティブの目標として掲げるのは適当であるか。本来的には「否」であろう。この点については後で検討することにして、ひとまず現実的な課題を確認しておく。

労働者協同組合としての喫緊の課題

ここ数年、労働者協同組合の法人格取得、つまり協同労働の法制化が懸案としてクローズアップされている。[9]「ワーカーズ・コレクティブ法」の制定は、独自に以前から追及されてきたが、[10]現在は、ワーカーズ・コレクティブ、〈日本労働者協同組合連合会〉、JA〈全国農業協同組合中央会〉、ならびに様々な労働組合や市民団体が、「協同労働の協同組合法」の制定に向けて主体的に取り組んでいる。

法制化によって、法人税が軽減され、それによって事業運営が楽になり、さらに参入できる事業の規模や種類が拡大する、といったメリットが想定される。そのため、実現すれば、協同労働で働く人の数が増え、事業所も増えることが期待されている。◁11

天野は、ワーカーズ・コレクティブ法制定を求める理由の一つとして、「ワーカーズ・コレクティブ法制定は、たんにワーカーズ・コレクティブのためというより、労働のメイン

9――『日本農業新聞』二〇一〇年七月五日論説欄では、「法制化を求める声は、着実に広がっている。日本労働者協同組合連合会を中心に学識経験者や協同組合関係者らが加わり、二〇〇〇年に市民会議を結成。これまでに協同組合や労働団体など一万を超す団体から法制化の賛同署名を集めた。地方議会で「早期制定を求める意見書」を採択した自治体も、既に八〇〇弱に上っている」とされる（「協同労働／地域再生へ法制化急げ」http://www.nougyou-shimbun.ne.jp/modules/news1/article.php?storyid=1312）。

そして、協同労働の協同組合の法制化を求める緊急集会が二〇一〇年七月五日、東京・日比谷公会堂で開かれた［「協同労働の協同組合法制定求め緊急集会 法制化市民会議」、『農業協同組合新聞』二〇一〇年七月六日 http://www.jacom.or.jp/news/2010/07/news 100706-10063.php］。

10――一九八九年に「首都圏組織全国市民事業連絡会」ができ、法制化の学習を始める。一九九五年にはワーカーズ・コレクティブの全国組織「ワーカーズ・コレクティブ・ネットワーク・ジャパン」（W.N.J.）が組織され、「ワーカーズ・コレクティブの法制化へ向けての声明」を国会議員に提出した［ワーカーズ・コレクティブ・ネットワーク・ジャパン編、二〇〇一、一二四―一二五頁］。

ストリームから排除された人びと、女性、若者、高齢者、障害者にとっても意義のあるものであること。そこから、既存の労働法制の構造改革の契機になりうるということ」〔天野、二〇〇一、九五頁〕を挙げている。ここからは、先に見てきたような、ワーカーズ・コレクティブの理念・運動の拡張化が確認できる。

ワーカーズ・コレクティブの現在的地平はどこにあるのか

「地域」・「非営利」の意味

ここで考えたいのは、ワーカーズ・コレクティブが「地域の（ための）」・「非営利の」労働形態である点である。これがどのような意味をもつのか、改めて考える必要がある。

岡田百合子（神奈川ワーカーズ・コレクティブ連合会専務理事）は以下のようにいう。

ワーカーズがまだまだ課題が多くて今非常に恐いなと思ってるのは、ずっとワーカーズの話をこう言う働き方も含めて「非営利なんですよ」、「地域に必要な物やサービスを作って、けっして私たちがお金が欲しい事が原則じゃないんです」と言った時に非常に鼻［に］もかけて貰えなかった人たちが、この様に社会が非常に厳しい状況になって働き方が大きく変わってきて、雇用と言ったって契約や派遣からもう輪切りになっているわけじゃないですか。そうすると、今の働き方の部分が今の制度じゃなじまなくなって来ている。それからデフレが続いて来ているものですからワーカーズの価格と一般の市場価格が、もしかしたら分配金と時間給の差がなくなってきているかもしれない。［ワーカーズ・コレクティブ近畿連絡会、二〇〇六b、一三頁］

先にも見たように、一般の市場における雇用労働の条件が著しく引き下げられていることによって、ワーカーズ・コレクティブの「地域の（ための）」・「非営利の」仕事との「差」が見えにくくなってきていることが指摘されている。よって、積極的な動機・理念がなくとも、前節で確認したように、「地域の（ための）」・「非営利の」仕事に新規に人が参入して

11――ワーカーズ・コレクティブの運動体の立場からは、「ワーカーズ・コレクティブ法」の制定（法人格の取得）が必要な理由は大きく五点挙げられている。①契約主体になれる、②財産所有主体となれる、③社会的信用、助成金、補助金等が得やすくなる、④情報開示、他者への説明・理解度を上げやすい、⑤社会保障が受けやすくなる［鮫島、二〇〇一］。

くる状況が生まれる。ただしそれは、フォーマルな賃労働として働くためではない。再び岡田の発言を見よう。

> 特徴的なのがハンデキャップを持っている人たちも受け入れる事が出来るようになりました。作業所もやっているのですが、一つは、石けん工場が作業所機能を設けて作業所としてもやっていますが、ハンデキャップ持っている人たちの養護学級の先生がワーカーズに来て「うちの子たちを社会復帰の入り口として雇ってくれないか」と言ってこられるんですね。調べたら、一〇団体位のワーカーズが受け入れていたんです、連合会が方針を出した訳でなくて、自分たちで話し合って仕事が分けてあげれるなら受け入れてあげようよ。と言う事でそう言う子たちを受け入れているお弁当屋さんが多かったです。
>
> 〔ワーカーズ・コレクティブ近畿連絡会、二〇〇六b、一六－一七頁〕

つまり、ここでは「職業訓練（体験）」、「能力開発」といった機能が期待されているのである。そもそもフォーマルに働けない労働力を、フォーマルな労働市場への「オルタナティブ」として、それを掲げる事業体が受け入れる（包摂する）という構図である。「地域の

（ための）」・「非営利の」仕事が、市場からはみ出した労働力の受け皿となる。これはたんなる雇用政策の外部化という現象なのだろうか。一面ではそうした評価も可能だろうが、注目すべきは、受け入れるワーカーズ・コレクティブの側が、この構図に主体性を発揮して対応している点である。

「主婦」からの離陸

〈特定非営利活動法人ワーカーズ・コレクティブ協会〉は、その事業内容として明確に「障害者、若者、シニア、外国籍の人たち等の就労支援及び社会参加推進事業」を掲げている。[◁12]「第六回通常総会議案書」の「二〇一〇年度活動方針」では、「「コミュニティワーク」を広げる活動は、女性、シニアから障害者、若者（無業・失業中）、外国籍の人たちにも拡がってきました。日本社会が抱える雇用問題

排除・依存・包摂のメカニズム

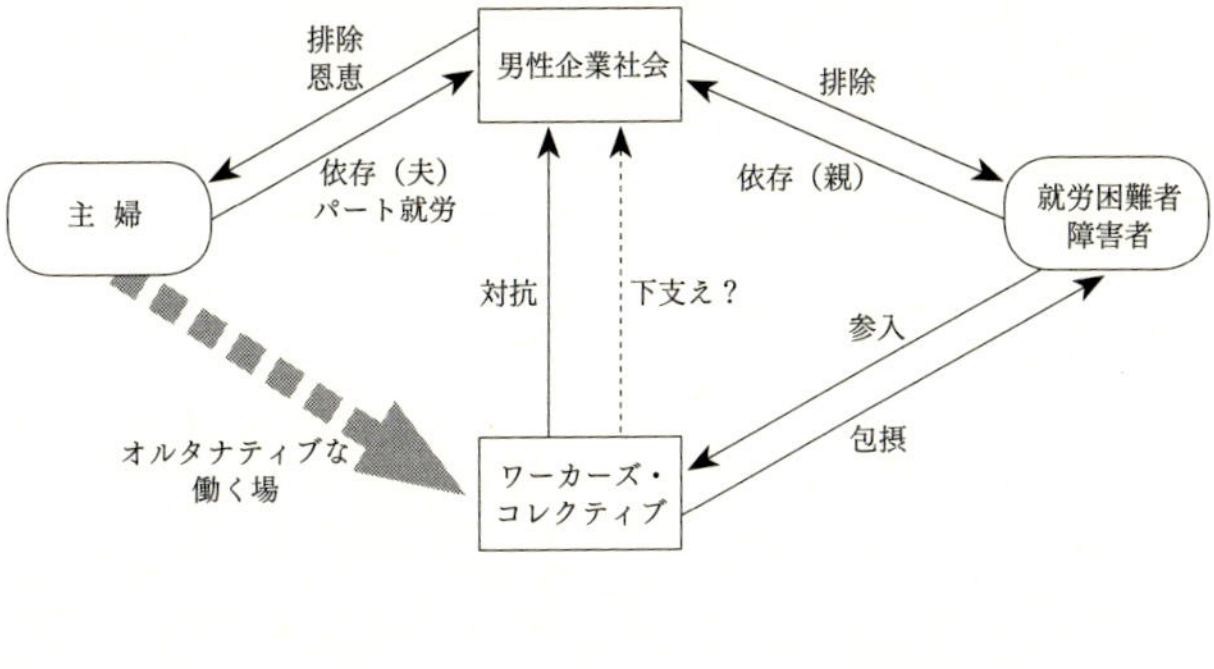

を「コミュニティワーク」というもう一つの就労スタイルで問題解決に寄与しようとしています。今年はさらにその実態づくりにむけて、行政や生協、ワーカーズ・コレクティブ、NPO、各種支援団体、支援者との連携・協同を具体化し、社会的に不利な立場とされた方達の就労・生活支援を推進します」と宣言されている。

このように、ワーカーズ・コレクティブは、理念上はすでに「主婦による」運動という次元から離陸しているといってよい。もちろん現場の主体は主婦であるとしても、「地域の(ための)」・「非営利の」仕事を担う対象は、主婦にとどまらなくなっている。この状況への現実的対応が、ワーカーズ・コレクティブに求められており、かつ「先取り」されているのである。

問題は、ここからの展望である。いくつか論点があるので、それぞれ考えていきたい。

ワーカーズ・コレクティブの今後の展望

働きたい主婦の受け皿になりえるのか

ワーカーズ・コレクティブのそもそもの主役である「主婦」の働き方における現在的問

題を見てみると、専業主婦ゆえに自由に働き方を模索できる、といった活動主体形成要因が低下していることが指摘できる。

厚生労働省雇用均等・児童家庭局の『平成二一〔二〇〇九〕年版　働く女性の実情』[13]では、「三〇〜三四歳」の有配偶者の労働力率が一〇年前に比べて九・〇％ポイント上昇している。そして、女性の完全失業者は前年比二五・五％増で、同省雇用均等政策課の吉本明子課長は「これまで働いていなかった女性が、家計的な事情で労働市場に出てきているが、なかなか職に就けていない状況」と話す〔「女性「完全失業」急増　家計助けたくても雇用の壁」、『朝日新聞』二〇一〇年四月一〇日朝刊五頁〕。

つまり、「働きたくても働けない主婦」が急増している。[14]基本的にそのほとんどは、既存の労働市場での派遣やパートといった、主に非正規の就労形態を前提にしている。はた

12——同協会に関する情報は、すべてホームページ［http://www.wco-kyoukai.org/index.html］を参照した。

13——http://www.mhlw.go.jp/bunya/koyoukintou/josei-jitsujo/09.html

14——その動向を伝える記事として、「主婦の就活道険し、夫のリストラ、収入減で急増——子育てなど制約」〔『日本経済新聞』二〇〇九年三月三一日夕刊一九頁〕、「働きたい主婦、急増——託児先や能力向上の準備を」〔『読売新聞』二〇〇九年五月一九日東京夕刊一九頁〕。

して、ワーカーズ・コレクティブは、その「受け皿」になりえるのか。

先の調査では、勤労者世帯の収入は、共働き世帯、世帯主のみ働いている世帯、双方とも前年に比べ減少しており、経済的な理由から働く必要がある主婦が増加している現況が想定される。『平成一七〔二〇〇五〕年版　働く女性の実情』では、四五歳以上の中高年女性が働く理由は、「経済的に働くことが必要」（七五・六％）、「生きがいをもつため又は働くことで社会参加をしたい」（五二・三％）という調査結果が出ている。この調査結果で興味深いことは、「六〇歳以上になると、「経済的に働くことが必要」（六二・三％）及び「働くことは当然である」（二七・三％）が減少し、「働くことで健康に過ごせる」（四八・六％）、「時間に余裕がある」（一五・三％）が他の年齢層より高くなっている」[15]ことである。つまり、ワーカーズ・コレクティブ第一世代の女性たちが「余裕のある」働き方を理念とし、実践することができる条件にあるのだ。いままさに中年に相当する「第二世代」（ならびにそれ以下の世代）とのこのギャップをどう捉え、対応していけるかが、今後のワーカーズ・コレクティブの「受け皿」機能の効力に関わってくるだろう。[16]

アンペイドワークの市場化にどう対処するのか

マリア・ミースやクラウディア・フォン・ヴェールホフらによる、「労働（力）の主婦化」という概念、ならびにそれに対抗する「サブシステンス」労働重視の社会構造の提唱は、現代の世界的な規模での生産（労働）‐消費システムの問題をもっとも大胆に捕捉したフェミニズム理論の成果として知られる［Mies, Benholdt-Thomsen and Werlhof, 1988/1991＝一九九五］。

ワーカーズ・コレクティブの意義は、そうしたエコ・フェミニズムの成果によって裏づけされてきた［古田、二〇〇八］。主婦は、たんなる主婦ではなく「サブシステンス・ワーカー」として地域で役割を果たしていくのだ、という方向性である。これは「生活者」概念とつながり、アンペイドワークに関する理念でも同じ観点にある。[17]

〈神奈川ワーカーズ・コレクティブ連合会〉の酒井由美子は以下のように主張する。

15――http://wwwhakusyo.mhlw.go.jp/wpdocs/hpwj200501/b0062.html

16――そもそも、「主婦論争」においても、全日制市民として運動に力を注ぐ専業主婦（Ⅲ運動主体論の対象層）と、「経済的理由から働かざるをえないが（育児などで）多くは働けない」主婦（Ⅳ構造的貧困論の対象層）とのあいだには、容易には埋めがたい溝があった［第1章］。経済的な「余裕」がひとつの目安となって、運動――ワーカーズ・コレクティブのような「働き方」も含む――か賃労働（パート）かの一線が引かれてしまうジレンマは、容易には解消されない。

17――フェミニズムとワーカーズ・コレクティブの理念・現実をつなぐ研究として、榊原［二〇〇三］などがある。

アンペイドワークは社会的に必要な労働として認めざるを得なくなってきています。しかしアンペイドワークを市場化し、賃労働で得た賃金を交換することが生活の豊かさに結びつくとも考えられません。アンペイドワークが物質的な価値、つまり生産性を追及していくこれまでのペイドワーク、賃労働のワークのあり方になじまないところがあるからです。ワーカーズ・コレクティブはこの社会化されたアンペイドワークをこれまでの雇用労賃労働に追従したペイドワークではなく市民事業として協同することで「市民」の参加を保証し、自分たち市民が満足のいく質を納得のいく価格で供給できるワークのあり方を示し、実践していきます。

〔酒井、二〇〇一、二三一-二四頁〕

では、アンペイドワークを市場化させないという理念は、現実的にどのように守り、強化させていくことが可能なのであろうか。

はからずも、「主婦だからできる仕事」が――女性による起業を通して――市場化されていく傾向は、すでに出てきている〔植田、二〇〇九〕。つまり、ワーカーズ・コレクティブと同じ条件の主体（主婦）が、同じ仕事（業務内容）を、ワーカーズ・コレクティブと正反対の理念で実行しているのである。

こうした動きによって、「市場への対抗」はますます困難になっていくのであろうか。単純に値段やサービスの競争になれば、市場化されたものに「勝つ」ことは難しい。しかし、法制化によって事業体などに保障を受けられれば、そもそもそうした競争をする必要性が減少することは想定される。つまり、営利を追求しない社会的な事業としてアンペイドワーク(にあたる仕事)を行なうシステムが、公的に構築されれば、ワーカーズ・コレクティブの展開の可能性は高くなってくる。とはいえ、全面的に「アンペイドワークの社会化」が実現することは困難であり、少なくとも当面は市場化されたサービスとの厳しい対抗を余儀なくされる。さらにその主体として想定される「市民」についても、現実的に不確定である。いずれにせよ、楽観的な展望はもてない。

安定した市場経済を前提とするのか、そこから脱却するのか

ワーカーズ・コレクティブは、本来的には、社会の経済状況が良好で、雇用も安定し、うまくお金がまわっている状態においてのみ実現可能な活動であるように捉えられる。

主婦が特にお金にならない仕事に携わるには、そこで稼ぐ必要がないだけの夫の稼ぎが前提となる。さらに、スーパーマーケットなど他のサービス産業の提供する生産物やサー

ビスではなく、ワーカーズ・コレクティブの商品が一般に選択されるためには、消費に余裕のある生活環境が広く存在していることが前提となる。つまり、そもそもワーカーズ・コレクティブは、一定の夫の稼ぎと、地域に落とされる一定の消費額を前提とした、いわば成長経済対応型の労働形態である、ということはできる。

一方で、前節で見たように、ワーカーズ・コレクティブは、雇用危機状況の「被害者」となった労働者予備軍や、そもそも市場における労働力とみなされない人々の受け皿となる準備も進めている。これはある意味、ワーカーズ・コレクティブが、経済・雇用危機対応型の運動体へと変身しようとしている過程ともとれる。

とはいえ、経済状況が悪ければなおさら、労働と対価の問題として、実態は厳しくなる。そうなると、たとえ「地域の（ための）」・「非営利の」仕事であろうと、ふつうのパート並みに稼がないとやっていけない、というシングルマザーや単身女性フリーターなどは、ワーカーズ・コレクティブで包摂していくことは難しくなる。包摂を続けたとしても、その場合は、条件面での問題が生じてくるだろう。

「余裕のある」主婦であったり、「職業訓練」的なかたちであったり、それだけで生計を立てる必要性があったり、その立場によって、またその立場の内部において、それぞれにさまざまな利害の差異がある。したがって、どのような社会経済状況を前提とするか、どのようなワーカーズ・コレクティブの体質を理想とするかは、容易には統一しえないだろう。[18] そうした危うい均衡のなかで、現場は――一見穏やかに――動いている。

まとめにかえて

改めて整理してみると、①成長経済対応型のワーカーズ・コレクティブでは専業主婦のみが主役であったのに対し、②経済・雇用危機対応型のワーカーズ・コレクティブでは、主婦以外のイ、レ、ギ、ュ、ラ、ーな労働力（予備軍）がクローズアップされてくる。そしてアンペイドワークや、さしてお金にならない「地域の（ための）」・「非営利の」仕事が、主婦だけのものではなくなる。「オルタナティブな働き方」は、主婦の特権から、働けない者たちの「雇用の受け皿」へと意味を変えてきている。これは理念の問題ではなく、否応なく変

18――事業体内部における、扶養控除を超えた経済的自立を求める主婦たちと、そうでない主婦たちとのあいだの葛藤は、主に、東京都町田市の〈ワーカーズ・コレクティブ凡〉の事例で明らかになっている［天野、一九八八。山田、一九九六。石見編、二〇〇〇。など］。

わる労働環境に沿った変化である。したがって、これをワーカーズ・コレクティブの「発展」とポジティブに捉えることはできない。先に述べたように、そうした役割を果たしてしまうことによって、市場（男性企業社会）への対抗というスタンスはどうなるのか。むしろそれを下支えしてしまうのではないか［261頁の図を参照］。考えねばならないことは尽きない。事実のみを述べれば、活動体が強化される保証はないが、裾野は広がったということだ。ワーカーズ・コレクティブは当面こうして前進をするしかないだろう。

一九八〇年代には「社縁社会からの総撤退」が叫ばれ話題になったりもしたが［小倉・大橋、一九九一］、いうまでもなく、それで何も変わることはなかった。男性中心の企業社会に揺さぶりをかけるなどということはたやすいことではなく、さらに、とりわけ主婦にあっては、理念的には男性企業社会を否定していても、当面、まったくその恩恵に被らないかたちで自らのオルタナティブな運動を展開することは、現実的に困難である。そうしたなか、主婦の主体的活動と働けない者たちの存在がはからずもオーバーラップしているこの状況は、――間違っても「希望」などとは単純にいえないが――未来の「労働」の見取り図を垣間見るようではある。

ここで見てきたことは、主婦論争の構図にあてはめてみれば、Ⅲ「運動主体論」が、Ⅳ「構造的貧困論」の余白の対象層を「包摂」するという図式である。これをどう評価すればよいのか。一面では、当然の流れ、望ましい流れといってよいのかもしれない。しかし、やはりすっきりとはしない。そのすっきりとしない要素が、①どのような現象として実際の現場に立ち現れてくるのか、②それはいかなる力学の変容を促すのか、③そこで主婦にはいかなる決断・対応が要求されるのか、に注目していく必要があると考えている。[19]

19――この章の内容を、より協同労働の主体となる「社会的企業」の側面に重点を置いて構成しなおした論考が、村上[二〇一二a]である。

終章

働く／働かない／働けない、主婦と女性の行く末

ここまで、第1章で設定した主婦の四分類を意識しながら、時代の推移に沿って、それぞれの立場の層がいかなる提言をし、実践を模索し、運動を展開してきたのか、そしてそこにはどんな矛盾や困難や可能性があったのか、を明らかにしてきた。

最後に、本書をとおしての、戦後日本における、①「主婦」であること、②「パート」として働くこと、③「主婦」が「(パート)労働」すること、これらへの評価・位置づけの整理と、課題析出のためのいくつかの指摘を試みる。

主婦

戦後日本社会における「主婦」の「労働」のありようをめぐる論争――最初の論争である「主婦論争」（一九五五年から一九七〇年代前半まで三次にわたり展開された）以来――の構図を再検討すると、対象全体を四つのタイプ――①働く（働こう）、②働くべきでない、③働かないからこそできる活動／運動に打ち込む、④働かざるをえない――に組み換えることができる。

本書では、論争の内容よりも、論争において何が争点とされ、何が問題化されなかったのか、それぞれの立場の間にはいかなる潜在的な共通点・断絶があったのか、を確認していくことを重視した。そして、論争総体において前景化されなかったもの、論点から抜け落ちてきたものを浮かび上がらせ、それが④働かざるをえない主婦の層の存在であることを指摘した。

また、①～④それぞれに設定された対象の関係性にも着目した。「働く」か「働かない」かを〝選べる〟階層と、「働かざるをえない」階層との間には、明白な断絶がある。論争は、前者の〝選択〟とその〝意識〟（の高さ／低さ）についてもっぱら問題にしたが、後者の置かれた現実に関する積極的な提言はほとんどなされなかった。こうした図式や状況は、現在に至るまで引きずられている。

とはいえ、けっして見逃してはならないのは、そうした外部的な位置づけや規定に対する疑問、葛藤、反発を、当事者自身の集まりと関係性の確認によって共有し解明せんとする試みが行なわれていたことである。この試みにおいては、たんなる外部的な整理には収斂されない、不可視・不透明な「状況」の析出が、高度な次元で行なわれていたし、また、そこで浮上した問題を、いまそこにいる「自分たち」だけの問題とせず、「主婦」全体、ひいては女性総体の問題として論究していく／投げかけていく貴重な実践過程が、たしかに存在していたのである。

パート

一九六〇年代以降、主に「パート主婦」として捉えられた一群の女性たちは、いかなる評価を受け、またいかなる行動を起こしていったのか。

まず、一九六〇年代後半〜七〇年代初頭の初期パート労働評価の特徴として、ⓐパート就労という労働形態には二つの側面の評価——①全労働者の条件を悪化させる危険性を孕み、早急に対策をとる必要がある、被搾取度の強い過渡的労働形態、②将来的に女性の自己実現の可能性を秘めた新しい働き方——がなされた。

そして特に①の評価にともない、

ⓑパート女性を既存の組合に組織化し、啓蒙・教育して共闘可能な存在とすることへの強い問題意識――基本的には男性本工主体・主導主義――が存在した。

そこには以下のような問題があった。

(i)まず、①②それぞれの視点に、問題設定そのものの限界がある。それは、男子労働者の労働条件の向上により付随的に女子労働者の条件が向上すると前提していること、また、女子労働者の「理想」像として「職業婦人」的な「自立」した女性像がイメージされていることである。さらには、現実を無視した楽観性も、①②それぞれの視点に見てとることができる。つまり、より多く女性が働くことができるようになれば必然的に女性労働に(労働運動的な意味でも)有益な効果がもたらされる、という発想が素朴に前提とされているのである。

(ii)「権利意識が低い」とされる「パート主婦」の利害を十分見極めず、啓蒙・組織化の対象としてのみ見なす（扱う）「評価者」側の視点の問題がある。「大きな運動」＝「主流の労働運動」への取り込み・動員・戦力化という一方的な方針自体への批判的視点が乏しかった。

(iii)各論者たちが打ち出した鋭敏な論点は、第5章で見たように、パート当事者の自律的な運動のなかで（直接つながっているわけではないにせよ、結果的に）体現されていくことになった。そうした意味では、それぞれの認識の的確さと先進性は評価できよう。しかし、逆に、論者たちが期待した対象である、大きな運動の世界や政策の流れの中では、同一労働同一賃金原則の強調以外は――それも、理解が浸透したということであって、現実的に特に何かなしえたわけではないが――さしたる効果をもたなかった（むしろ、「派遣法」や「パートタイム労働法」へと換骨奪胎されてしまったといえるかもしれない）。そうした意味では、本来であれば、特に嶋津による《貧困》の提起と、広田による《パートという身分差別》の提起は、より大きくクローズアップされ、リアルタイムの運動にも参照されるべき論点であったのだが、そうはならなかった。結果としては、論者たちの提起は、政策や運動を動かすには至らず、理論構築の一段階という限定的な役割として位置づけられる。

私は、まずこうした問題点を再考する必要性を痛感した。そして、再考のためには、同時代の女性当事者たちによる模索の歴史をふまえることが重要であるとする立場に立つ。その歴史のなかには、評価・規定を一方的に「する」側には感知されないような葛藤や複雑な利害が存在している。それを当事者たちが共同で自身の「状況」に引きつけて捉え直すことにより、課題の様相や実態があぶり出されていく。私は、その問題の内容のみならず、共同で捉えなおしていく「過程」のありようそのものが、主婦–女性の問題を総合的に考えていく際に、きわめて貴重な材料となりうると考える。

主婦の葛藤、パートの運動

上記の問題への回答として論述したのが、第3章以降の内容となる。

まず、一九七〇年代前半に試みられた、「主婦」たちによる「主婦」解明の取り組みを検討した。ここでは、時期的に、ウーマンリブ運動の影響下にありつつも、あくまで「主婦」の日々の生活とそれにともなう心情、自らの状況分析からスタートし、それ自体非常に「主婦的な」討論によって、「主婦的状況」という概念の析出に至る過程を確認し、その意義を明示する作業を行なった。

次に、一九七〇年代後半から八〇年代にかけての、「パート主婦」たちのネットワーク

——ウーマンリブ運動の系譜を引く——の動態を捕捉する作業を上につなげた。第4章以降でとりあげた〈主婦戦線〉、〈主婦の立場から女解放を考える会〉、〈パート・未組織労働者連絡会〉の活動は、「主婦的状況」という概念規定をふまえながらも、それをさまざまな局面に展開する応用力をみせ、「主婦」当事者による思想＝運動の発展段階を示すものであった。それは、目の前の克服課題に対して自らの階級的アイデンティティに強く依拠した理論から運動を練り上げてゆく、積極的な当事者運動であった。

実際にパート労働市場（と家庭責任）に日々晒されていた女性たちの思惑から生まれた運動方針は、主流のウーマンリブ運動、女性解放思想、女性労働問題への取り組み等の流れとは、微妙なズレを有していた。そして彼女たちは、そのズレをおざなりに是正することをかたくなに拒否した。まさにこのズレの内実にこそ、それらの運動・思想・視線が捉えそこなってきた、便宜的に誤解してきた要素が、凝縮していたのである。よって、彼女らの運動は大文字の女性史に記されることは少ないが、その価値は、改めて顧みられるべきものであろう。

「パート主婦」の分解

では、「パート主婦」と漠然と言われる層が、はたしてどのような実態にある（あった）

のかを、ここで改めて構造として把握しておこう。
簡単に、以下の三タイプに分類してみる。

① 主婦としてではなく、あくまで「労働者」としての自覚と誇りと上昇志向とを強くもち、自らの労働を男性正社員と同等に評価されて然るべきと考え、「同一（価値）労働同一賃金」を求める。それゆえ、「男並み」に働き、「経済的自立」を目標とする。

② 基本的には、夫の家族賃金に依存することができ、家計補助のためだけに働く。それゆえ、配偶者控除などを考慮し、労働時間や収入を調整する。

③ ①②のどちらでもないが、必要上パート就労に従事しており、なるべく多く収入が必要だが、（家族のケアの時間などから）多く働けない状況にあり（正規就職も難しく）、多く稼げない。この外縁には、さまざまな理由により独身（＋子もち）で働かざるをえない非婚者女性（シングル〔マザー〕）の存在がある。「主婦論争」の構図のⅣ「構造的貧困論」にあたる層である。

従来、①②については、それぞれ一定の認識と（肯定的・否定的）評価とがなされている。しかしその「二極分化」では捉えきれない層＝③が確実に存在し、その層にはその層なりの（えてして各論的で見過ごされがちな）利害があり、人との「つながりかた」があり、運動方針がある。それを把握する必要がある。

たとえば、〈主婦戦線〉は一貫してこの③の立場にとどまった。パートを、一括して「主婦」だからという規定でもって、差別的待遇に置くことに強く反発すると同時に、主婦という立場から「脱出する」＝経済的に「自立」することで女性が「解放」されるとする見方を強く批判しもした。後者の見方では結局、女性内の階層分化＝差別の構図が新たにつくりだされるだけだと主張したのである。

「パート主婦」問題を拡張した課題

さらに指摘すれば、③の外縁に位置づけられる、いわゆるシングルマザーや、戦後直後の男女人口比率の不均衡の影響で結婚「できず」、独身で働かざるをえなかった女性たちの層についても検討が必要である。こうした人々は、家族賃金体制を基盤とした、パート主婦の課税や福利厚生に関する条件闘争からは一線を画した利害を有するので、③の立場に含まれる層の多様性を担保する存在である。課題となるのは、この多様性によって生じる齟齬を、つぶさに開示し問題化していく方途を立てることである。それは①②という典型（前提・イメージ）を相対化することにもつながるからである。

以上をふまえて論点を立てると、そこにはまず「結婚＝経済的安定」という前提の問題がある。これによって、労働市場における主婦の相対的価値剝奪が起こり、さらにそれが女性の労働の総体的価値づけの揺らぎを引き起こす。そしてここから、「主婦」が「働く女」の足をひっぱっている、といった言説が生まれてくる。また一方では、「非婚職持ちの女＝男並みの稼ぎ」という（対照的な）イメージの存在がある。女が「働く」ということがすぐに「経済的自立」という段階とセットになって説かれる所以でもある。しかし、こうした一部の層を極端に誇張したポジティブなイメージは、非婚で不安定な非正規雇用労働者、または非婚で生活保護受給の母子家庭、といった現実の裏返しである。こうした典型（前提・イメージ）の払拭へ向けた積極的な（社会的な）働きかけが今後も必要となってくるだろう。

変革のために

「主婦」であるという〝高い〟（他力基準）価値と「パート」であるという〝低い〟（自力基準）価値とのかけあわせによる身分担保が、戦後日本社会の「秩序」であった。「非婚キャリア」も同じ秩序内の逆のかけあわせ（ゼロ×100）で、アクセントとして機能した。「非婚パート」（ゼロ×低）はその秩序からはじき出され、不可視化されてきた。

では、〈「主婦」：〝低い〟（他力基準）×「パート」：〝高い〟（自力基準）〉という図式へと価値転換する――主婦という身分にまつわる要素を低減させ、労働への対価と保障を適正なものにすること。けっして、主婦性を否定することでも、労働規範を強化することでもない――としたら、どうすればよいか。当然、「主婦でも一人前に働こう」、「パートでも向上心をもってがんばろう」のエコーでは、何にもならない。

現場での当事者による地道な労働権をめぐる取り組みというごくまっとうで重要な正解のほかには、まず一つに、「パート」という体制が「主婦」を基準にしてあるものなら、「主婦」の変容・変質が強調される必要がある。「〝食えない〟女性、他人のケアどころではない主婦」の増殖という現象面が、もっと切実に打ち出されてよいはずだ。〈女性と貧困ネットワーク〉（二〇〇八年九月発足）のような存在の登場［村上、二〇一一］などによって、社会状況的にはそうした流れが醸成されつつはある。

だが、それだけでも足りないだろう。「主婦」という存在そのものがかつてないほど不確定な状況にあり、強固な共通項を見出すことが難しい不明瞭な実像しか描けない状態であるからこそ、いま改めて、《主婦とは誰か》、《主婦を生きる》とはいかなることか、が問われなければならないだろう。この問題を、この章の後の節「**いま、「主婦」を問題にすること**」で述べる。

諸論点へのアプローチ

女性が働くための法制・政策と運動について

一九七〇年代以降の女性運動の大きな流れのなかで、「雇用における男女平等」や働く女性の「保護」を保証する法の制定に力を結集しようという運動と、それに反対する運動という分岐が生じた［村上、二〇一二b］。結果は周知のとおり、一九八五年に「男女雇用機会均等法」が制定され、「派遣法」、「パート労働法」、「第三号被保険者」制度、「配偶者特別控除」がそれに付随し、均等法体制とでも呼べるシステムができあがってしまった［藤原、二〇〇九］。それは、エリートのキャリア女性（Iの職場進出論の対象層）と、専業主婦（IIの主婦天職論の対象層）とを優遇し、その穴埋めをその他の不安定な女性労働力（IVの構造的貧困論の対象層）で補う、というシステムだった。もちろん、主婦たちの市民運動（IIIの運動主体論の対象層）は何も動けなかった。このように、「女性が働く」ための法制や政策は、つねに特定の「女性」のみを対象とし、その副作用を他の――弱い立場の――女性が受ける図式をとる。

よって、本来的に、政府・市場が設定した雇用および労働形態を――それに批判的であるにせよ――前提として「理想」の雇用環境を追求するという手続きは、まずそれ自体に限界が内包されている。そして、この手続きをすすめていけば、当然「理想」とされるべき形態を最優先に考え、その実現――女子学生の新卒採用の際の差別を縮小する、女性社員の昇進の割合を高めるなど――に取り組むわけであるから、その時点でネガティブな労働条件にある対象（パートなど）の課題解決は、どうしても後回しにされてしまう。男性の労働条件が上がれば女性の労働条件も上がると素朴に啓蒙していた前時代の労働運動のように、一部の女性の雇用環境が改善されればその下の女性の環境も…、という思考がいまも運動にはあるのではないか。または、順位づけを回避するのが無理であるなら、「パートにはパート（なり）の」モデルの設定を、という段階論が――表面的には書き出されなかったとしても――介在していなかったか。「パート差別」問題を後回しにしてきたことは、その後、大量の「女性フリーター／無業者」を生み出す構造を準備したのではないのか。こうした問いは改めて打ち出されてよいだろう。

それは、近年急速に進んでいる「男女共同参画」の流れを検証する際にも必要不可欠な視点でもある。以下の記事を見ていただきたい。

女性職員の昇級などに数値目標――京大が男女共同参画指標　発表

京都大は一一日、男性と女性それぞれの力を生かすための「男女共同参画推進アクション・プラン」を発表した。全国の大学に先駆けて実施した病児保育など女性研究者支援センターの事業を継続・拡充するとともに女性職員昇進の数値目標を設定し、役員などへの積極登用も明記した。

大学の教育研究活動の活性化に男女共同参画が不可欠との理念に基づき初めて作成した。国からの予算が本年度に終わる女性研究者支援センターの事業継続を明確にするのも目的としている。

役員など大学の意志決定組織における女性比率の向上や、積極的な女性職員の採用・昇任を明記。一〇年後に課長・事務長以上で一〇％（現在五・一％）など数値目標を設定し研修などの対策を求めた。

教育・研究・就業と家庭生活の両立支援で病児保育や入園待機時保育、実験研究補助者制度、将来の研究者育成のための女子高生を対象にしたセミナーなど女性研究者支援センターの事業の拡充を求めた。体系的ジェンダー教育の整備や女子学生対象のキャリアサポート、国内外の大学・研究機関との連携も進める。

一方で、女性研究者を増やす数値目標や、女性の比率が高い非常勤教職員の問題については触れなかった。

松本紘総長は「女性が存分に能力を発揮できる大学になるようさらに努力したい。全国の意欲、能力にあふれる女性研究者、女子学生に京大に来ていただけるよう呼びかけたい」と話している。[1]

〔『京都新聞』、二〇〇九年三月一一日、傍点は筆者〕

京都大学が求める「存分に能力を発揮」してくれる「女性」のなかには、パート、派遣、非常勤教職員は含まれない。つまり、対象とされるのはⅠ（職場進出論の対象層）の女性だけで、Ⅳ（構造的貧困論の対象層）の女性は問題外なのである。最新の、日本で先頭を行くはずの「男女共同参画」プランにおいてこうした設定がなされているという状況を、よく吟味しなければならない。[2]「国際婦人年」以降積み上げられてきた女性たちのための「取り組み」は、結局何を帰結しているのか。そのなかでは数々の法制・政策に働く女性たち自身の「声」が「反映」されてきたわけだが、その逆説的な「効果」と、それを導いた要因・理由とは、きちんと問われてきただろうか。いま「女性労働問題」に携わる者全体が共有すべき問題である。

そして、過去のあやまちを繰り返さないためには、「非正規で働く女性」そして「主婦」

という、重層的に労働市場から外部化されている存在にこそ基点を置いて要求や運動を組み立てることが――いまさらながら、しかし何度でも――要請されるだろう。[3]

なされてきた自律的な取り組みについて

いうまでもなく、これまでの戦後女性労働をめぐる歴史のなかでは、注目されるべき当事者たち自身による自律的な取り組みが多種多様に存在する。

それは、ベーシックなところでは労働争議であり、その輝かしい「成功例」は枚挙に暇がない。

しかし、そこにおいては、いわば「職業婦人」主義とでもいえるような、女性のなかでもとりわけ強い労働者性を自覚し、発揮できる立場にある者が中心を担った面は、留意すべきであろう。本書で着目しているような「主婦パート」層とは決定的に異なる土壌を有していることは重要な点であり、「パートならパートの労働運動を」というような軽率な

1――出典は［http://www.kyoto-np.co.jp/article.php?mid=P2009031100185&genre=G1&area=K00］。引用は全文。

2――このような「男女共同参画」の方向性の問題点を、最新の動向をもとにまとめた報告として［村上、二〇一〇d］がある。

提言は召喚されるべきではない。

同じく、戦後早い時期から打ち出されていた「同一労働同一賃金」というモデルも、「本工男子」を基準とし、同じ職務を全うする正規雇用の女子労働者を対象としていた。その後「同一価値労働同一賃金」というモデルが一般化し、そうした設定はより柔軟性をもたされ、正社員とパートの賃金格差の問題をフラットな観点から論じる条件が整ったが、「主婦パート」を問題化する際に、ここに焦点を絞りこむべきかどうかは、まだ運動全体のなかでも了解がとれていない状態といえる。今後さらに検討が必要である。

一方で、主婦であることを現行の労働市場に直接規定されていない立ち位置としてポジティブに捉え、その立場性を活かした非‐市場主義的な価値創出を推奨・推進した主婦たちがいた。第1章の「主婦論争」の整理において、Ⅲ「運動主体論」と位置づけた層である。この立場の主婦たちによる実践の一つが、第6章で検討した「ワーカーズ・コレクティブ」である。ただ、近年ではこれが「コミュニティ・ビジネス」と並び称されることが多くなり、理念の達成と同時に経営的な成功も追求されるべき課題となっていることが窺えるように、現行市場からの自立性という観点で今後どこまで評価を下していくべきなのかは難しいところである。ここでも、草の根の主婦たちによる理念が、行政・関係資本とのコミットメントや折衝のなかで変質せざるをえず、運動としての陥穽が生じる可能性は多くある。したがって、この運動のポジティブな側面も、女性の労働・生活双方の保障形態をめぐる全体的な流れと、つねにつきあわせて検討しなければならない。

　また、根本的な問題として、非-市場主義的な主婦の実践が、市場労働のただ中におい

3――「男女共同参画」と共通の問題として、「ワーク・ライフ・バランス」という政策の問題がある。これも、そもそも働く女性（の運動）の側が「求めていた」はずの内容が換骨奪胎され、逆に雇用者側のメリットを説く目線などから急速に「注目」されている理念である。これには、①日本独自の文脈として、政府政策レベルの「少子化対策」と強く結びついていること、②優秀な共働き（正）社員に特典としての「恩恵」を与える色合いが濃く、現実的に対象とされる層が限られていること、③そしてそれが主に「良心的な企業」による努力の「成果」として賞賛され、企業の（ポジティブ・イメージの）アピールに利用されていること、などの問題がある。

　そもそもの理想・理念としての「仕事と生活の調和」などというものは、現実的には「パート主婦」が「体現」してきたものともいえる。で、あれば、本来はそうした対象こそが自力で条件を向上できるシステムこそが優先的に志向されるべきである。山口（＝国沢）静子は、「パートでも年休権を行使できる」という権利の実現と普及を目的として、勤務先を相手どり裁判闘争を行なった（一九九一〜九九年。原告が山口、被告は特殊法人日本中央競馬会（JRA）。第一審での事件名は「中央競馬会パートタイマー年休等請求事件」。第三審東京高裁で勝訴確定。http://homepage2.nifty.com/jra-critic/参照）。こうした取り組みは、まさに、「下からの」本来的な「ワーク・ライフ・バランス」実現のための実践として重視されるべきであろう。

て矛盾を背負わされる主婦パートの境遇と「対照」的に発露されるものであってはならない。あくまで同じ女性労働問題・主婦問題の文脈として、功罪両面が（実践当事者によっても、評価者によっても）自覚されるべきである。

実践する主婦と貧困女性は《共闘・協働》できるのか？

第6章で確認したように、成長経済を前提とした家族システムの枠内で支障なく「恩恵」を被っている主婦層だからこそできる実践によって、就労困難者たち（同じ女性でいえばシングルマザーや単身女性、女性障害者ら）を包摂するという図式の理念的矛盾と現実的困難さは、簡単に克服できるものではない。

第1章の結論でも述べたように、この両者、つまり「III（運動主体論）とIV（構造的貧困論）の運動を同時に拡張していくこと」が理想としてあることは相違なかろう。問題は、それがどのような形態をとってなされるかである。率直にいって、抜き差しならない利害の違いを埋めるのは、容易なことではない。年金、社会保険、家庭責任、利潤（成果）、能力、コミュニティ。いずれも、意識のもちようだけではどうにもならない、大きな制約である。アドバンテージを現実にもっている側、もっていない側の歩み寄りは、多大なる模索の労力を要するだろう。それでも《共闘・協働》の可能性を追求するのか。

一つ、それだけが答えではない、とはいえる。第3章で見た国立公民館の主婦たちと、第4章・第5章で見た〈主婦戦線〉のメンバーたちとは、直接的な交流はない。[4] しかし、だからといって、両者それぞれの取り組みの意味が損なわれるわけではない。並行的な歩みで、それぞれの実践は十分意義をもつのだ。クロスさせるのであれば、それ相応のリスクをいずれかが――当然Ⅲ（運動主体論）の側が、ということになろうが――追うことを承知でしなければならない。それを、地域の一介のコミュニティに期待するのは無理があるし、期待する必要はない。条件がないのであれば、ある条件を出し合って進むしかなく、それができないからといって双方ともに責められるいわれはない。このことは確認しておいてよいと思う。

したがって、アプリオリに、《協働》による弱者の《包摂》を社会的役割としてワーカーズ・コレクティブ（などⅢの立場の主婦たち）に課す思考は、とられるべきではない。主婦であることを拠りどころとしてその立場性に居直ることは、当然批判に晒されることに

4――国沢静子と伊藤雅子は、個人的には多少の交流があった。しかし特定の運動・課題に共同で取り組んだ事例はない。

なろうが、第3章・第4章で見たように、自らの「主婦性」・「主婦的状況」の捉え直しから何らかの実践を行なう主婦の志向は、むしろ《包摂》などの期待される一義的役割を消極的に忌避する方向に向かうべきであるのかもしれない。一様にはいえないが、主婦性に向き合うとは、そのような行ないであると私は考える［村上、二〇一〇a］。

いま、「主婦」を問題にすること

最後にこれからの話をしたい。ワーカーズ・コレクティブの第一世代にあたるような、従来の「主婦」モデルは、もはや崩壊しつつある。つまりⅣ（構造的貧困論の対象層）の主婦の存在が無視できなくなってきている。[▽5] そんな中、それでも「主婦」になる／なってしまった人たちをどう捉えていくか、という問題がシビアな課題としてある。たとえば、「フリーター女性」⇩「パート主婦」というスライドは多くある（なる）だろう。それはもちろん、（〃外〃で）やっていることや状況は、何も変わっていない。従来は大きな意味があった（〃内〃での）税制上の特典も、夫の稼ぎが（非正規雇用などの理由で）少なければ、特典にさえなりえない。むしろ貧困家庭の主婦は、当然、一〇三万の壁（配偶者控除）、一三〇万の壁（第三号被保険者制度）を超えて働くことを要請される。したがって、そのような特典は、彼女らにとってはプラスというよりマイナス要素となりうる。なぜなら、彼女らが就く低賃金・短時間雇用の仕事は、上記の壁の下に収まるように設定された形態だからである（そうした主婦たちの利害を重視するならば、当然、その働きを制約する壁は取り払われてしかるべきという結論になる）。子育てをしたらもっと苦しくなる。そうした――〝外〟でも〝内〟でも不安定な――苦境にある（若い）主婦の割合は増え（てい）るはずである。そこでは、未婚／非婚の働く女性／働けない女性と「主婦」との新たな連続面が、（ようやく）出てくるのではないか。

したがって、いま、「パート主婦」が抱える問題と、独身ワーキングプア女性や貧困世帯の母子家庭が抱える問題とは、連結しているのだという認識が必要ではないか。ここ数年で急激に男性非正規労働者の問題がクローズアップされてきたが、その背景にあるのは、ずっと以前から放置されてきた「主婦パート」の問題で、それが男性にまで「拡大」したからようやく問題視されたのだ、ということはよく指摘されている。一方で、母子家庭の困

5――「時代遅れの〝標準世帯〟」（『読売新聞』二〇〇五年一〇月二日、東京朝刊一一頁）参照。

窮や生活保護を受給する単身女性の存在などは、厳しさを増している現実の反面、「労働問題／女性問題」として前面にクローズアップされることはほとんどない。

であれば、いまそうした「労働」から、そして「(標準) 家庭」から外部化された女性の問題を捉えなおす際、いま一度「主婦の問題」を材料として召還することは、ありうべき方法である。それは、「労働」と「家庭」の〝内〟と〝外〟を往復し、時に疎外され、時に閉じ込められ、いずれにおいても屈折した評価に翻弄されながらも、自らの立ち位置を模索し続けた女性当事者としての「主婦」の存在を、改めて女性の「貧困」問題のなかに「置き直す」試みでもある。つまり、もはや老朽化して(従来の中間層的) 価値が暴落した状態であるからこそ、「主婦」という概念には、もう一度別の可能性の視角からリサイクル的に使い直していける潜在力があるだろう。そのためには、なによりも当事者による「(〇〇) 主婦」とは何か (どうすればよいのか) という問いから生まれる、主体的な戦略が待たれる。〈女性と貧困ネットワーク〉のような新たな試みには、そうしたものが生まれ出る可能性を予感させる［村上、二〇一二］。

キーワードとしては、改めて「主婦性」・「主婦的状況」という言葉と理念を重視したい。第3章・第4章で見たように、Ⅲ「運動主体論」とⅣ「構造的貧困論」は、「主婦性」・「主婦的状況」を自らの認識のスタートラインに置いていた。時代が流れ、家庭が、主婦が、貧しくなっても、その本質は変わらない。これは、それだけの普遍性をもった理念である［村上、二〇一〇a］。Ⅰ「職場進出論」とⅡ「主婦天職論」は、「主婦性」・「主婦的状況」を切り捨てたうえで存立している。その両者に対峙するには、「主婦性」・「主婦的状況」をこそ拠りどころとせねばなるまい。

ただ同時に、第5章で見たように、「主婦性」・「主婦的状況」を基軸に置き労働に関する思考を展開することが、結果として（一見、二律背反に見える）「労働者性」の強調へと行き着く意味も考えるべきである。つまり、「主婦性」・「主婦的状況」とは、そこに逃げ込むためのものではない。当然ながら、当事者がもつ「主婦的状況」とは、タダ働きを正当化するための概念ではない。むしろ、自らの内なる「労働者性」と否応なく向き合わざるをえなくなる領域である。したがって、「主婦性」・「主婦的状況」を手放さないことと同様に、「労働者性」――いまどのように働いているかによって左右されるものではない、普遍的な、自己によって獲得されるものとしての――への自覚化が、たえずⅢ「運動主体論」とⅣ「構造的貧困論」には求められる。第3章で見たように、Ⅲの主婦には「働きに出れば問題が解決するわけではない」という認識も共有されていた。またⅣの主婦は、意識しないまま自らの「労働者性」を飼いならして生きている、とも捉えられる。そうした目に見えない潜在的な共有とつながりが、ⅢとⅣにはある。それは最強の武器であり砦であるといえる。それをもっていることを、頼もしく思ってよいのだ。

おわりに

《主婦》と《労働》は、いかようにしてももつれあう。一人の女性のなかでも《主婦性》と《労働者性》は同居する。同時に、社会的にも、両側面は混在する。それは重なりつつズレている。必要なことは、その様相を捉え、重なりの意味、ズレの意味を確定し、そのうえで制度や構造に向き合い、《女の労働と生存条件》を取り戻していく営みである。それは、労働者性から主婦性を便宜的に切り離す試みと、主婦性と労働者性が絡み合って生じる結晶を採り逃さず自らのものにする試みとの両方を、同時に進めることを意味する。やっかいで困難だが、可能性はここに賭けられている。

主婦性と労働者性の併存

働く主婦の両側面	拠りどころ	要件と規定性	特性から描かれる理想像	現実の課題
主 婦 性	主婦的状況	女であること	オルタナティブな働き?	依存のジレンマ
労働者性	短時間労働者としての利害	階層（低位）	ビューティフル・パート?	貧困状況

もはや、（社会的にも、女性解放思想的にも）主婦を、全面的に評価（肯定）することも、否定することもできない。たしかに大文字の歴史的には、主婦の「不作為の功罪」は、いくらかでも問われるだろう。しかし本書で見たように、主婦のなかでの主婦の問い返し、主婦による主婦のためだけではない運動の実践をふまえるならば、主婦の存在を（制度改革的にも、女性の「自立」志向においても）たんに「克服課題」と見なすことは、かえって女性たちの動きにはマイナスに作用するだろう。つねに、「主婦」問題は、その外にありながらつながっているその他の女性問題と並行的に焦点化され、（当事者による）思考と実践が積み重ねられねばならない課題である。研究者がそこに参与的に関与することも、時として必要にはなるだろう。私としては、本書で為したような記述の実践を重ねることと、それを現在の理論と対置させるかたちで運動・実践の俎上にフィードバックさせることで、その役割を果たしていきたい。そして私も、主婦的状況を撃ってみたいと思う。

文献一覧／あとがき／索　引

文献一覧

あ

浅倉むつ子、二〇〇五、「就業形態の多様化」、浅倉むつ子・島田陽一・盛誠吾『労働法 第二版』、有斐閣、三六八－三八二頁

天野正子、一九八八、「「受」働から「能」働への実験――ワーカーズ・コレクティブの可能性」、佐藤慶幸(編)『女性たちの生活ネットワーク――生活クラブに集う人びと』、文眞堂、三八七－四三八頁

――、一九八九、「「働かされ方」から「働き方」への挑戦」、金森トシエ・天野正子・藤原房子・久場嬉子『女性ニューワーク論』、有斐閣、八五－一四七頁

――、一九九六、『「生活者」とはだれか――自律的市民像の系譜』、中央公論社

――、二〇〇一、「ポスト雇用時代の働き方」、ワーカーズ・コレクティブ・ネットワーク・ジャパン(編)『どんな時代にも輝く主体的な働き方――ワーカーズ・コレクティブ法の実現を』、同時代社、九一－九六頁

――――、二〇〇五、『「つきあい」の戦後史――サークル・ネットワークの拓く地平』、吉川弘文館
居神浩、二〇〇四、「家計構造からみた性別役割分業――経済の高度成長と日本型家族システムの確立」、玉井金五・久本憲夫（編）『高度成長のなかの社会政策――日本における労働家族システムの誕生』、ミネルヴァ書房、一三三―一五四頁
池田祥子、［一九八七］一九九〇、「戦後主婦論争の理論課題――「性別役割分業」「家族」のイデオロギーとその構造」、『［女］［母］それぞれの神話――子産み・子育て・家族の場から』、明石書店、一九〇―二二二頁
――――、［一九八九］一九九〇、「「子育て」論議をめぐる問題――『現代子育て考』論議から「アグネス論争」まで」、『［女］［母］それぞれの神話――子産み・子育て・家族の場から』、明石書店、八二―一一一頁
――――、一九九一、「「女の経済的自立」「主婦」「母」、それぞれの思想をどう超えるか――人間の「自立」と「共同性」を共に志向しつつ」、小倉利丸・大橋由香子（編）『働く／働かない／フェミニズム――家事労働と賃労働の呪縛?!』、青弓社、一一―三一頁
石垣綾子、［一九五五］一九八二、「主婦という第二職業論」、上野千鶴子（編）『主婦論争を読むⅠ　全記録』、勁草書房、二―一四頁
磯野富士子、［一九六〇］一九八二、「婦人解放論の混迷――婦人週間にあたっての提言」、上野千鶴子（編）『主婦論争を読むⅡ　全記録』、勁草書房、二―二二頁
伊藤雅子、［一九七二］一九八二、「主婦よ「幸せ」になるのはやめよう」、上野千鶴子（編）『主婦論争を読むⅠ　全記録』、勁草書房、一六三―一七九頁

――――、一九七三a、「セミナーのいきさつ」、国立市公民館市民大学セミナー『主婦とおんな――国立市公民館市民大学セミナーの記録』、未來社、五‐八頁
――――、一九七三b、「おとなの女が学ぶということ」、国立市公民館市民大学セミナー『主婦とおんな――国立市公民館市民大学セミナーの記録』、未來社、二一五‐二二四頁
――――、一九九三、『女性問題学習の視点――国立市公民館の実践から』、未來社
井上輝子・上野千鶴子・江原由美子（編）、一九九四、『日本のフェミニズム1　リブとフェミニズム』、岩波書店
石見尚（編）、二〇〇〇、『仕事と職場を協同で創ろう――ワーカーズ・コープとシニア・コープ』、社会評論社
植田貴世子、二〇〇九、『あなたの街のコンシェルジェ――主婦からの起業・シニア世代の起業』、西日本出版社
上野千鶴子、一九八二a、「解説　主婦の戦後史――主婦論争の時代的背景」、上野千鶴子（編）『主婦論争を読むI　全記録』、勁草書房、二二一‐二四一頁
――――、一九八二b、「解説　主婦論争を解読する」、上野千鶴子（編）『主婦論争を読むII　全記録』、勁草書房、二四六‐二七四頁
上野千鶴子・貴戸理恵・大澤信亮・栗田隆子・杉田俊介、二〇一〇、「〝おひとりさま〟と〝フリーター〟は手を結べるか」、有限責任事業組合フリーターズフリー（編）『フェミニズムはだれのもの？――フリーターズフリー対談集』、人文書院、一五‐六二頁
上野千鶴子（編）、一九八二a、『主婦論争を読むI　全記録』、勁草書房

――――、一九八二b、『主婦論争を読むII 全記録』、勁草書房
今井千恵、一九九五、「女性職員からみた専従労働と生協運動――フェミニズムの視点からみた専従労働と生協運動」、佐藤慶幸・天野正子・那須壽（編）『女性たちの生活者運動――生活クラブを支える人びと』、マルジュ社、三〇一－三二七頁
大屋幸恵、一九八八、「組合員の意識構造――意識からみた組合員のタイプ」、佐藤慶幸（編）『女性たちの生活ネットワーク――生活クラブに集う人びと』、文眞堂、三〇三－三四五頁
小倉利丸・大橋由香子（編）、一九九一、『働く／働かない／フェミニズム――家事労働と賃労働の呪縛?!』、青弓社
「女・エロス」編集委員会、一九七九a、「ねつ造された「ただの女たち」――主婦戦線・批判」、『新地平』一九七九年二月号、一五二－一五五頁
――――、一九七九b、「十一号特集「宮崎原稿」見送りの事情といきさつについて」、『女・エロス』第一二号、一八三－一八五頁

か

影山裕子、一九六六、「主婦の再就職のすすめ」、『婦人公論』第六〇四号（一九六六年九月号）、九二－一〇一頁
加藤春恵子、一九八七、「女性解放運動のエスノメソトロジー――コミュニケーションとしての社会運動」、栗原彬・庄司興吉（編）『社会運動と文化形成』、東京大学出版会、一八五－二一二頁

金森トシエ・天野正子・藤原房子・久場嬉子、一九八九、『女性ニューワーク論』、有斐閣
鹿野政直、二〇〇四、『現代日本女性史――フェミニズムを軸として』、有斐閣
神田道子、一九六六、「主婦労働とパートタイマー」、『朝日ジャーナル』第八巻一六号、九〇-九四頁
――、[一九七四]一九八二、「主婦論争」、上野千鶴子(編)『主婦論争を読むII 全記録』、勁草書房、二一四-二三〇頁
菊地夏野、二〇〇五、「リブの可能性と限界――主婦と娼婦の分断」、大越愛子・井桁碧(編)『戦後思想のポリティクス』、青弓社、一四七-一七八頁
木村涼子、二〇一〇、『〈主婦〉の誕生――婦人雑誌と女性たちの近代』、吉川弘文館
木本喜美子、一九九五、『家族・ジェンダー・企業社会――ジェンダー・アプローチの模索』、ミネルヴァ書房
国沢静子、一九七八a、「主婦的状況をうて」、主婦戦線華組『主婦戦線●総括●アピール●――星火通信一九七八春 華組』、星火通信社、一-三頁
――、一九七八b、「反母性論――女権拡張運動の申し子〈母性〉」、『あごら』第一九号、四〇-五三頁
――、一九八〇、「翔べなくてよかった十年間の総括」、『現代の眼』第二一巻四号、一〇八-一一三頁
――、[一九八七]一九八九、「日本人は労働時間をなぜ、短縮できないか?――「ジョブ・シェアリング」は日本的雇用形態と拮抗できるか(二)」、パート・未組織労働者連絡会(編)『一九八〇年代パート・タイマー白書――パート・未組織労働者連絡会一〇年の活動記録』(不当に差別された労働の現場から告発する――時給労働者通信別冊)、星火通信社、三〇四-三一七頁
国立市公民館市民大学セミナー、一九七三、『主婦とおんな――国立市公民館市民大学セミナーの記録』、未來社

国広陽子、二〇〇一、『主婦とジェンダー――現代的主婦像の解明と展望』、尚学社
「現代子育て考」編集委員会（編）、一九七五、『現代子育て考 そのI』、現代書館
黒川眞佐子・伊藤保子・中村久子・栗田隆子・杉田俊介、二〇〇八、「ワーカーズ・コレクティブ座談会 きちんと食べていける働き方へ――豚肉を皆で分け合うことから」、有限責任事業組合フリーターズフリー（編）『フリーターズフリー Vol.2』、人文書院、六〇－七三頁
厚生労働省年金局年金課、二〇〇一、「女性のライフスタイルの変化等に対応した年金の在り方に関する検討会・報告書――女性自身の貢献がみのる年金制度（要約版）」、http://www.mhlw.go.jp/shingi/0112/s1214-1.html
古庄弘枝、二〇〇五、『独身婦人連盟どくふれん――元祖「シングル」を生きた女たち』、ジュリアン
小谷良子、二〇〇七、『「専業的主婦」の主体形成――個人・家庭・地域生活者としての主体形成の課題』、ナカニシヤ出版
駒野陽子、［一九七六］一九八二、「「主婦論争」再考――性別役割分業意識の克服のために」、上野千鶴子（編）『主婦論争を読むII 全記録』、勁草書房、二三一－二四五頁

さ

斎藤茂男、一九八二、『妻たちの思秋期――ルポルタージュ日本の幸福』、共同通信社
三枝麻由美、二〇〇三、「日本におけるオルタナティブ組織研究――主婦によるワーカーズ・コレクティブ」『年報社会学論集』第一六号、九〇－一〇一頁

酒井由美子、二〇〇一、「ワーカーズ・コレクティブの魅力」、ワーカーズ・コレクティブ・ネットワーク・ジャパン（編）『どんな時代にも輝く主体的な働き方――ワーカーズ・コレクティブ法の実現を』、同時代社、一九－二五頁
榊原裕美、二〇〇三、「フェミニズム・家族・協同組合」、田畑稔・大藪龍介・白川真澄・松田博（編）『アソシエーション革命へ【理論・構想・実践】』、社会評論社、二四九－二七七頁
坂西志保、［一九五五］一九八二、「「主婦第二職業論」の盲点」、上野千鶴子（編）『主婦論争を読むI 全記録』、勁草書房、一五－二二頁
佐藤慶幸、一九九五、「主婦概念を超える女性たち」、佐藤慶幸・天野正子・那須壽（編）『女性たちの生活者運動――生活クラブを支える人びと』、マルジュ社、一五七－一七四頁
――、一九九六、『女性と協同組合の社会学――生活クラブからのメッセージ』、文眞堂
佐藤慶幸（編）、一九八八、『女性たちの生活ネットワーク――生活クラブに集う人びと』、文眞堂
佐藤慶幸・天野正子・那須壽（編）、一九九五、『女性たちの生活者運動――生活クラブを支える人びと』、マルジュ社
佐藤洋子、一九八五、「働く女性はどう変わったか――戦前から現在まで」、原ひろ子・杉山明子（編）『働く女たちの時代』、日本放送出版協会、一七－三六頁
鮫島由喜子、二〇〇一、「なぜ法人格が必要か」、ワーカーズ・コレクティブ・ネットワーク・ジャパン（編）『どんな時代にも輝く主体的な働き方――ワーカーズ・コレクティブ法の実現を』、同時代社、二七－三〇頁
塩沢美代子・島田とみ子、一九七五、『ひとり暮しの戦後史――戦中世代の婦人たち』、岩波書店

塩田咲子、［一九八五］二〇〇〇、「高度経済成長期の女子労働」、『日本の社会政策とジェンダー――男女平等の経済基盤』、日本評論社、三一－六〇頁

――――、一九九四、「日本の性役割分業政策の構造」、竹中恵美子・久場嬉子（編）『労働力の女性化』、有斐閣、一四五－一七八頁

篠田容子、一九七八、「主婦的状況を視る――Report」、主婦戦線華組『主婦戦線●総括●アピール●――星火通信一九七八春　華組』、星火通信社、八－一二頁

嶋津千利世、［一九五五］一九八二、「家事労働は主婦の天職ではない」、上野千鶴子（編）『主婦論争を読むⅠ　全記録』、勁草書房、三四－四七頁

――――、［一九六六］一九七八、「「合理化」と婦人労働――差別・労働強化・無権利」、『婦人労働の理論』、青木書店、一四－二九頁

――――、［一九七〇］一九七八、「現代の貧困と婦人労働」『婦人労働の理論』、青木書店、四九－七五頁

――――、［一九七二］一九七八、「今日の「男女差別」と平等の要求」、『婦人労働の理論』、青木書店、三〇－四八頁

清水慶子、［一九五五］一九八二、「主婦の時代は始まった」、上野千鶴子（編）『主婦論争を読むⅠ　全記録』、勁草書房、二三－三三頁

社会政策学会（編）、一九六一、『婦人労働』（社会政策学会年報第九集）、有斐閣

主婦戦線、一九七五、「★ただの女たち集まろう！」、『女・エロス』第五号、一七七頁

――――、一九七八a、「「ただの女たち」今、出撃!!――女解放運動と『女・エロス』」、『新地平』一九七八年一二月号、一六〇－一六三頁

——、［一九七八b］一九八〇、「女権派を批判する〈女の女差別〉抗議闘争総括声明」、主婦戦線（編）『女解放——八〇年代をひらく視座』、星火通信社、一六－二〇頁
——、［一九七八c］一九八〇、「（声明）性と階級の二重の抑圧からの女解放」、主婦戦線（編）『女解放——八〇年代をひらく視座』、星火通信社、七二－七七頁
——、一九七九a、『星火通信——主婦戦線・アピール』別冊第一号、星火通信社
——、一九七九b、『星火通信——主婦戦線・アピール』別冊第二号、星火通信社
——、一九七九c、『星火通信——主婦戦線・アピール』別冊第三号、星火通信社
——、一九七九d、『星火通信——主婦戦線・アピール』別冊第四号、星火通信社
主婦戦線（編）、一九七五、『家庭解体新書　その一』、星火通信社
——、一九八〇a、『女解放——八〇年代をひらく視座』、星火通信社
——、一九八〇b、『星火通信』別冊第五号、星火通信社
——、一九八八、『女解放　第二集——反母性論』、星火通信社
主婦戦線華組、一九七八、『主婦戦線●総括●アピール●——星火通信一九七八春　華組』、星火通信社
主婦戦線華組（他）、一九八〇、「（座談会）＝啓蒙からの訣別＝ただの女たち語る!!」、主婦戦線（編）『女解放——八〇年代をひらく視座』、星火通信社、七八－九八頁
杉野勇・米村千代、二〇〇〇、「専業主婦層の形成と変容」、原純輔（編）『日本の階層システム1　近代化と社会階層』、東京大学出版会、一七七－一九五頁
鈴木剛、二〇〇七、「ワーカーズコープというもうひとつの働き方」、『くらしと教育をつなぐWe』第一四七号、二二－四四頁

た

高杉晋吾、一九八八、『主婦が変われば社会が変わる――ルポ・生活クラブ生協』、海鳴社
高橋ますみ、一九八六、『女四〇歳の出発――経済力をつける主婦たちの輪』、学陽書房
高良留美子・名無川砂利・久松なみ子・丸山友岐子・森冬実、一九七九、「(座談会) 主婦性を超えてつながるために――「主婦戦線」が模索する解放の視点」、『女・エロス』第三号、一八六－一九八頁
滝川マリ・冬木花衣・ぶんた (聞き手：村上潔)、二〇〇七、「(インタビュー) 八〇年代京都におけるリブ運動の模索――〈とおからじ舎〉へ、そして、それから。」、『PACE』第3号、三六－四九頁
武田京子、[一九七二a] 一九八二、「主婦こそ解放された人間像」、上野千鶴子 (編)『主婦論争を読むII　全記録』、勁草書房、一三四－一四九頁
――――、[一九七二b] 一九八二、「ふたたび主婦の解放をめぐって」、上野千鶴子 (編)『主婦論争を読むII　全記録』、勁草書房、一九六－二一一頁
竹中恵美子、[一九七〇・一九七二] 一九八九、「高度成長期の女子労働市場と賃金 (一九六〇～一九七三年)」、『戦後女子労働史論』、有斐閣、二二七－二八三頁
――――、一九七二、「婦人解放の今日的課題」、竹中恵美子 (編)『現代の婦人問題』、創元社、一八九－二四七頁
――――、[一九七四] 一九八五、「女性問題と私」、『私の女性論――性的役割分業の克服のために』、啓文社、一－三六頁
竹中恵美子・久場嬉子 (編)、一九九四、『労働力の女性化』、有斐閣

田中寿美子、［一九五五］一九八二、「主婦論争とアメリカの女性——主婦第二職業論によせて」、上野千鶴子（編）『主婦論争を読むI　全記録』、勁草書房、八三－九六頁
立岩真也・村上潔、二〇一一、『家族性分業論前哨』、生活書院
津田美穂子、一九九一、「女子の賃金問題」、竹中恵美子（編）『新・女子労働論』、有斐閣、一六九－二〇六頁
土屋葉、一九九六、「レジャーとしてのボランティア／生活すべてがボランティア——企業人の意識・主婦の意識」、千葉大学文学部社会学研究室『ＮＰＯが変える!?——非営利組織の社会学（一九九四年度社会調査実習報告書）』、千葉大学文学部社会学研究室＆日本フィランソロピー協会、一三六－一五七頁

な

中尾香、二〇〇九、『「進歩的主婦」を生きる——戦後『婦人公論』のエスノグラフィー』、作品社

は

林郁、［一九七二］一九八二、「主婦はまだ未解放である——「主婦こそ解放された人間像」を批判する」、上野千鶴子（編）『主婦論争を読むII　全記録』、勁草書房、一五〇－一六二頁
林潔、一九六六、『女性の職業と家庭のあり方——選択と生き方を求めて　あなた自身のジャッジメント』、図譜新社

広田寿子、［一九六九］一九七九、「女子労働問題の理論的基礎」、『現代女子労働の研究』、労働教育センター、七〇‐八八頁（付記：八九‐九一頁）
――――、［一九七二］一九七九、「内職・「パート」労働市場の実態と特徴」、『現代女子労働の研究』、労働教育センター、二二九‐二三九頁
藤井治枝、一九六六、「主婦労働とパートタイム――パートタイマー実態調査を素材として」、『婦人問題懇話会々報』第三号、一四‐三一頁
――――、一九六八、「主婦パート・タイマーの現状と問題点」、『賃金と社会保障』第四五三号、三〇‐四〇頁
富士谷あつ子、一九八四、『あたりまえの女たちの出発――兼業主婦時代』、ミネルヴァ書房
藤原千沙、二〇〇九、「貧困元年としての一九八五年――制度が生んだ女性の貧困」、『女たちの二一世紀』第五七号、一九‐二二頁
古田睦美、二〇〇八、『「主婦」の向こうに――サブシステンスの紡ぎ手たちへ　増補版』、市民セクター政策機構
本田一成、二〇一〇、『主婦パート　最大の非正規雇用』、集英社

ま

円より子、一九八二、『主婦症候群――あなたをおそう、いらだちや不安の正体』、文化出版局
水田珠枝、［一九六〇］一九八二、「主婦労働の値段――わたしは〝主婦年金制〟を提案する」、上野千鶴子

（編）『主婦論争を読むⅡ 全記録』、勁草書房、二三－四三頁
水野作子、一九九一、「女子労働の社会環境」、竹中恵美子（編）『新・女子労働論』、有斐閣、二四五－二七九頁
溝口明代・佐伯洋子・三木草子（編）、一九九五、『資料 日本ウーマン・リブ史Ⅲ 一九七五～一九八二』、松香堂
宮崎明子、［一九七七］一九七八、「再び主婦戦線を!!」、主婦戦線華組『主婦戦線●総括●アピール●――星火通信一九七八春 華組』、星火通信社、四－八頁
――――、［一九七九］一九八〇、「七〇年代ウーマン・リブ総括――「女・エロス」一一号 思想差別・〈女の女差別〉を闘って」、主婦戦線（編）『女解放――80年代をひらく視座』、星火通信社、六－一四頁
妙木忍、二〇〇六、「女性間の対立と葛藤はなぜ生じるか――「主婦論争」と「アグネス論争」を手がかりとして」、『Sociology Today』第一五号、一三－二五頁
――――、二〇〇九、『女性同士の争いはなぜ起こるのか――主婦論争の誕生と終焉』、青土社
村上潔、二〇〇六、「一九五〇年代、石垣綾子による女性の結婚と労働への提言」、『Core Ethics』第二号、二八五－二九三頁
――――、二〇〇七、「初期パート労働評価について」、「高度成長期」研究会（編）『「高度成長」再論』（科学研究費助成研究・基盤B「分配と支援の未来」〔代表：立岩真也〕二〇〇六年度報告書）、〈分配と支援の未来〉刊行委員会、五五－七九頁【本書の第2章にあたる】
――――、二〇〇八、「「パート」問題を捉える視座としての「主婦」問題・「労働」問題――〈主婦の立場から女解放を考える会〉・〈パート・未組織労働者連絡会〉の試みから」、『Core Ethics』第四号、三四

五－三五八頁【本書の第5章にあたる】
———、二〇〇九a、「「主婦」を基点として女解放を追求する思想と運動——〈主婦戦線〉の事例から」、『社会文化研究』第一一号、一八三－二〇一頁【本書の第4章にあたる】
———、二〇〇九b、「「男女平等」を拒否する「女解放」運動の歴史的意義——「男女雇用平等法」に反対した京都のリブ運動の実践と主張から」、『Core Ethics』第5号、三二七－三三八頁
———、二〇〇九c、「一九七〇年代の女性当事者たちによる「主婦的状況」をめぐる問題提起——主に東京都国立市公民館における実践の記録から」、『立命館人間科学研究』第一九号、四三－五七頁【本書の第3章にあたる】
———、二〇一〇a、「「主婦性」は切り捨てられない——女性の労働と生活の桎梏にあえて向き合う」、立命館大学生存学研究センター（編）『生存学 Vol.2』、生活書院、八三－九五頁
———、二〇一〇b、「「主婦論争」再検討——論調と対象の再整理からみる課題と展望」『現代社会学理論研究』第四号、一六〇－一七二頁【本書の第1章にあたる】
———、二〇一〇c、「「主婦によるオルタナティブな労働実践」の岐路——ワーカーズ・コレクティブはどう変わっていくのか」、山本崇記・高橋慎一（編）『異なりの力学——マイノリティをめぐる研究と方法の実践的課題』、立命館大学生存学研究センター、一六六－一九〇頁【本書の第6章にあたる】
———、二〇一〇d、「「経済成長」戦略における「戦力化」としての「女性の参画」推進政策の批判的検討」、社会文化学会第一三回全国大会自由論題報告（二〇一〇年一二月一二日／於：中京大学名古屋キャンパス）

――、二〇一一、「「女性と／の貧困」の問題化におけるアジェンダと展望――〈女性と貧困ネットワーク〉の事例から」、『社会文化研究』第一三号、六五‐九〇頁
――、二〇一二a、「主婦の労働実践としてのワーカーズ・コレクティブの岐路――「依存」と「包摂」のあいだで」、天田城介・村上潔・山本崇記（編）『差異の繋争点――現代の差別を読み解く』、ハーベスト社、一四〇‐一六四頁
――、二〇一二b、「労働基準法改定の動静における女性運動内部の相克とその意味――「保護」と「平等」をめぐる陥穽点を軸として」、『現代社会学理論研究』第六号
村田晶子、二〇〇六、『女性問題学習の研究』、未來社
森理恵、二〇〇三、「『わたしの作文』に見る「主婦」と「作文」のパワー――一九五〇〜六〇年代における「主婦的状況」の一側面」、『女性学年報』第二四号、八一‐一〇七頁

や

矢澤澄子、一九九三、「都市に生きる女性」、矢澤澄子（編）『都市と女性の社会学――性役割の揺らぎを超えて』、サイエンス社、一九‐六八頁
山川菊栄、一九六五、「母の賃労働とパートタイム」、『婦人問題懇話会々報』第一号、二‐八・五八頁
山口静子、［一九八〇‐一九八二］一九八九、「一九八〇年――私の主婦戦線」、パート・未組織労働者連絡会（編）『一九八〇年代パート・タイマー白書――パート・未組織労働者連絡会一〇年の活動記録』（不当に差別された労働の現場から告発する――時給労働者通信別冊）、星火通信社、三四‐六一頁

――、［一九八一］一九八九、「闘いの基軸と方向性について」、パート・未組織労働者連絡会（編）『一九八〇年代パート・タイマー白書――パート・未組織労働者連絡会一〇年の活動記録』（不当に差別された労働の現場から告発する――時給労働者通信別冊）、星火通信社、一一二－一一七頁

――、［一九八二］一九八九、「〝時給労働者として恥ずに斗おう〟――中高年ブルーカラーの時給労働の現場から肥大する資本主義的近代に対する斗いを組むにあたり、女解放論の成熟を求めて「働き続けるべき論」を批判する」、パート・未組織労働者連絡会（編）『一九八〇年代パート・タイマー白書――パート・未組織労働者連絡会一〇年の活動記録』（不当に差別された労働の現場から告発する――時給労働者通信別冊）、星火通信社、三二六－三二八頁

――、［一九八五］一九八九、「主婦の立場から女解放を考え、性と階級の二重の抑圧の結節点〝中高年の女たちの現業時給労働〟の諸条件の向上をめざして――男女雇用機会均等法総括」、パート・未組織労働者連絡会（編）『一九八〇年代パート・タイマー白書――パート・未組織労働者連絡会一〇年の活動記録』（不当に差別された労働の現場から告発する――時給労働者通信別冊）、星火通信社、三一八－三二五頁

――、［一九八六a］一九八九、「日本人は労働時間をなぜ、短縮できないか？――「ジョブ・シェアリング」は日本的雇用形態と拮抗できるか？㈠」、パート・未組織労働者連絡会（編）『一九八〇年代パート・タイマー白書――パート・未組織労働者連絡会一〇年の活動記録』（不当に差別された労働の現場から告発する――時給労働者通信別冊）、星火通信社、三〇一－三〇二頁

――、一九八六b、「パート減税の控除再分類を」、『読売新聞』一九八六年九月一九日《論点》

――、一九八九a、「元気印・パート『労働者』宣言」、パート・未組織労働者連絡会（編）『一九八〇年

代パート・タイマー白書――パート・未組織労働者連絡会一〇年の活動記録』(不当に差別された労働の現場から告発する――時給労働者通信別冊)、星火通信社、六 - 一一頁
――、一九八九b、「(編集後記)『ビューティフル・テンポラリー・ワーカー』――二一世紀の私達」、パート・未組織労働者連絡会(編)『一九八〇年代パート・タイマー白書――パート・未組織労働者連絡会一〇年の活動記録』(不当に差別された労働の現場から告発する――時給労働者通信別冊)、星火通信社、三三一頁
山田深士、一九九六、「ワーカーズ・コレクティブ「凡」の軌跡」、千葉大学文学部社会学研究室『NPOが変える!?――非営利組織の社会学(一九九四年度社会調査実習報告書)』、千葉大学文学部社会学研究室&日本フィランソロピー協会、一七五 - 一八五頁
横山文野、二〇〇二、『戦後日本の女性政策』、勁草書房

ら

労基法改悪反対実行委員会編、一九八二*、『女解放　革命のスゝメ――労基法改悪反対のために』、労基法改悪反対実行委員会[*発行年月日未記載、内容から推定]

わ

ワーカーズ・コレクティブ近畿連絡会、二〇〇六a、『お先に自由に働いてます――家族・自分・仕事を大切に』、ワーカーズ・コレクティブ近畿連絡会

ワーカーズ・コレクティブ近畿連絡会、二〇〇六b、『自分で輝く太陽になるために――ワーカーズコレクティブ学習会講演録』、ワーカーズ・コレクティブ近畿連絡会
ワーカーズ・コレクティブ・ネットワーク・ジャパン（編）、二〇〇一、『どんな時代にも輝く主体的な働き方――ワーカーズ・コレクティブ法の実現を』、同時代社

欧文

André, Rae., 1981, *Homemakers: The Forgotten Workers*, Chicago: The University of Chicago Press. = 一九九三、『主婦――忘れられた労働者』、矢木公子・黒木雅子（訳）、勁草書房
Beechey, Veronica., 1987, *Unequal Work*, London: Verso. = 一九九三、『現代フェミニズムと労働――女性労働と差別』、高島道枝・安川悦子（訳）、中央大学出版部
Dalla Costa, Mariarosa., 1986『家事労働に賃金を――フェミニズムの新たな展望』、伊田久美子・伊藤公雄（訳）、インパクト出版会
Fortunati, Leopoldina., 1981, *L'arcano della Riproduzione: Casalinghe, Prostitute, Operai e Capitale*, Padova: Marsilio. = 1995, *The Arcane of Reproduction: Housework, Prostitution, Labor and Capital*, New York: Autonomedia.
Friedan, Betty., 1963, *The Feminine Mystique*, New York: W. W. Norton. = 一九六五、『新しい女性の創造』、三浦冨美子（訳）、大和書房
Mies, Maria, Veronika Benholdt-Thomsen and Claudia von Werlhof, 1988/1991, *Women: The Last Colony*, Zed Books. = 一九九五、『世界システムと女性』、古田睦美・善本裕子（訳）、藤原書店

Oakley, Ann., 1974a, *The Sociology of Housework*, London: Martin Robertson & Company. ＝一九八〇、『家事の社会学』、佐藤和枝・渡辺潤（訳）、松籟社

———, 1974b, *Women's Work: The Housewife Past and Present*, New York: Pantheon Books. ＝一九八六、『主婦の誕生』岡島茅花（訳）、三省堂

Werlhof, Claudia von, 1991, *Was Haben die Hühner mit dem Doller zu tun?: Frauen und Ökonomie,* München: Verlag Frauenoffensive. ＝二〇〇四、『女性と経済——主婦化・農民化する世界』、伊藤明子（訳）、日本経済評論社

あとがき

この本は、筆者の二〇〇八年度課程博士学位請求論文「戦後日本における「主婦」の「労働」をめぐる思想と運動の同時代史」（立命館大学大学院先端総合学術研究科に提出）を、部分的に再構成したうえで、全体に大幅な加筆修正を施してまとめたものである。この博士論文を提出してから三年が経つが、基本的な問題意識と現状認識は変わっていない。

この本が世に出るには、またそれ以前に私がこの本のもとになることを書くまでには、多くの方々の存在が、私以上に重要な意味をもっている。以下、非常に限られたかたちにはなるが、その方々に謝意を述べたい。はじめに、五人のかたの名前を挙げる。

まず一人目は、野田努さん（『ele-king』編集長）である。野田さんがいなかったら、私が何かものを書いて発表するようなことはなかったに違いない。一六歳のときに、野田さんが執筆・編集した本に出会い、憧れた。いつか自分もこういう仕事をしたい、そしてこの人と一緒に仕事ができたら、と思った。結果、それは一〇年後、二六歳のときに、ささやかなかたちで叶った。野田さんが当時スーパーバイザーを務めていた『remix』誌で、私は文字通り誌面を汚させてもらった。あれがいまにつながる、一つのきっかけだった。しかしもちろん、いまも、私はまったく野田さんの領域にまで近づけていない。きっと一生追いつけないと思う。それでも、野田さんを追い続けることは諦めないでいようと思う。ほとんど顔を合わせる機会もないし、会ったとしても半分くらいの確率で野田さんは酔っ払っていて、まともに話はできないのだけれど、そんな野田さんの背中を、ずっと勝手に追いかけていきます。

二人目と三人目は、三田格さんと水越真紀さん（ともにライター・編集者）である。そう、野田さんと深いつながりのあるお二人だ。お二人が書かれたものはもちろんのこと、実際に会ってとりとめのない話をさせてもらった時間から、私は多くのことを学んだ。特に、対象にアプローチする姿勢や、ものを考える際のふるまいといった面で、大きく影響を受けたと思う。もちろん、それらにおいて三田さんと水越さんではかなり異なっていて、私にとってはそれぞれのありかたがいずれも魅力的だった。さいきんめっきり不義理をしているが、またこの本を渡しに、会いにいきたい。きっとお二人とも、本のタイトルを見て大いに笑われるだろうけれども。

四人目は、酒井隆史さん（大阪府立大学人間社会学部准教授）だ。酒井さんを初めて見たのは、〈青山ブックセンター本店〉での『自由論』の出版記念イベントで、だからおそらく二〇〇一年のことだろうと思う。酒井さんが何か簡単な英語の綴りを間違えて、教え子らしき参加者からつっこまれていたことだけは覚えている。きちんとお会いしたのは、二〇〇二年に入ってからだったはずだ。後述の平沢剛さんに誘われた〈七〇年代研究会〉に初めて参加した折だ。会場の部屋の扉を開けたら、酒井さんが片手にアイスクリームをもってぺろぺろと舐めながら、片手でお手製の新聞スクラップ帳をめくって、池上善彦さん（当時『現代思想』編集長）に「いやー、新聞ってね、役に立つんですよ」と説いていた。そこからのお付き合いだ。二〇〇四年に私が京都に移住したのも、酒井さんの「村上くん、《都市》に興味があるのに、東京しか知らないっていうのはだめだよ」という一言のおかげだった。その一言にはいまも本当に感謝している。酒井さんから教わったことは本当にたくさんあるので、ここでいちいち書き上げることはできない。酒井さんに見せても恥ずかしくないものを書く、ということをこれからも目標にして――この本がそれを達成できているかは心許ないが――やっていこうと思っています。

さて、五人目は、上記四名の方々と私が直接知り合うきっかけを作ってくれた、平沢剛さん（映画研究者、明治学院大学非常勤講師）だ。平沢さんには、おそらく二〇〇〇年のことだったと思うが、いまはなき〈シネマ下北沢〉のカウンターで声をかけられ、それ以来、さまざまなイベントや研究会にお誘いいただいた。野田さんと初めて対面したのも、平沢さんが企画したトークイベントだったし、酒井さんだけでなく、三田さん・水越さんとも先の〈七〇年代研究会〉で顔を合わせることになったのだった。そういう意味では、いまの私を準備したいちばんのキーパーソンは平沢さんかもしれない。おそらくもう五年も会っていないので、早く不義理をお詫びしないといけない。

次に、この本に直接関わる方々について。なんといっても、国沢（＝山口）静子さんなしに、私の研究というものは成り立たない。しかし国沢さんの存在を知ったのは、まったくの偶然だった。二〇〇五年、京都で冬木花衣さん［滝川・冬木・ぶんた、二〇〇七］と知り合い、誘われて〈シャンバラ〉（一九七六年から八二年まで京都市内で運営されていた「女のスペース」）の資料を整理し始めた（それはのちに「平成一七・一八年度京都市男女共同参画講座受講生参考資料（女性解放運動関係）収集調査」というかたちになった）。そこでひときわ私の目を惹きつけたのが、〈主婦戦線〉の発行物だった。その漢字四文字の強烈なネーミングと、きわめてクールなイラスト・装丁により、私は一発で（ミーハーな）「ファン」になってしまった。それがきっかけだ。さらに幸運な偶然として、国沢さんは「コンピューターおばあちゃん」だった。インターネットで検索すると、国沢さん自らが作成したページがいとも簡単に引っかかってきた。そこでおそるおそるメールを出してみた。するとすぐに返事が来た。その瞬間から、国沢さんは私の保護者になってしまった。そういう経緯である。しかしそろそろ親離れしないといけない。そして国沢さんご本人のことについて、しっかりと、私が責任をもってまとめあげないといけない時期にきている。

続いて、立命館大学大学院先端総合学術研究科ならびに立命館大学グローバルCOEプログラム「生存学」創成拠点について。いわゆる指導教員の立岩真也さん（同研究科教授）には二〇〇四年から、そして天田城介さん（同准教授）には二〇〇六年から、ご指導いただいている。このお二人に出会えていなかったら、この本はできあがっていない。明晰・緻密でたまに過激な天田さんの指導内容と、立岩さんの精神的な支え——自分の能力のなさに落ち込んだときも、立岩さんと話すと（その七割は雑談だが）なぜかなんとか生きていけそうな気にはなる――によって、かろうじてここまでたどり着いた。

そして、石原俊さん（明治学院大学社会学部准教授）の名前も挙げなければならない。たしか二〇〇四年度の年度末頃だったはずだが、先端総合学術研究科の授業で、当時非常勤講師だった石原さんが、私に「主婦論争」というテーマを薦めてくださったのだ。思えば、この本に至る道筋は、そこから始まった。

そのほか、先端総合学術研究科ならびに「生存学」創成拠点に関係する教員、スタッフ、院生、修了者のみなさんにはたいへんお世話になった。特に、ほぼ同時期に院生時代を過ごした山本崇記さん、橋口昌治さん、中倉智徳さんには、いまも貴重な助言をいただき、時に楽しい共同作業をさせてもらっている。なお本書は、二〇一一年度立命館大学大学院先端総合学術研究科出版助成制度の助成を受けた成果であることを、ここに明記しておく。

以下、簡単にお名前だけ。日本中世史研究時代にじっくりとご指導いただいた、神田千里さん（東洋大学文学部教授）と高橋敏子さん（東京大学史料編纂所准教授）。いつもその叙述・発言・活動から、ひりひりするような「おんな性」のヒントをいただく、松本麻里さん（東京砂場プロジェクト）。私のぼんやりとした、たるんだ「主婦性」認識の筋に、神経回路を開通させてくれた森崎和江さん（作家・

詩人）。世界中の女性たちの小さなしかし貴重な活動とその成果を、次々とリアルタイムで知らせてくれる〈Lilmag〉の野中モモさん。こうした方々が、私の裏側を醸成してくれている。

最後になるが、洛北出版の竹中尚史さんには、謝罪と感謝の言葉しか見つからない。本書は、竹中さんの手にかからなかったら、こうしてこの世に出すことはできなかった。細やかで的確なご指摘をたくさんいただき、私の実力不足を相当カバーしていただいた。こちらはただご迷惑をかけるばかりだった。今後、私がもう少し成長したうえで、また一緒に仕事をさせていただけたらと願っている。

結語。この本を、昨年亡くなった京都のリブ運動の牽引者、滝川マリさん［滝川・冬木・ぶんた、二〇〇七］に捧げる。

二〇一二年三月

村上潔

ま

ら

わ

た

な

は

索引（事項）

あ

か

さ

索引（主要人名）

村上 潔　Murakami Kiyoshi

1976年、横浜市生まれ。専門は現代女性思想・運動史。東洋大学文学部史学科（日本史専攻）卒業。東洋大学大学院文学研究科日本史学専攻博士前期課程修了［文学修士］。立命館大学大学院先端総合学術研究科一貫制博士課程修了［博士（学術）］。現在、立命館大学衣笠総合研究機構研究員、立命館大学大学院先端総合学術研究科非常勤講師。

著書に、『家族性分業論前哨』（立岩真也との共著、2011年、生活書院）、『差異の繋争点——現代の差別を読み解く』（天田城介・山本崇記との共編著、2012年、ハーベスト社）。

論文に、「「女性と／の貧困」の問題化におけるアジェンダと展望——〈女性と貧困ネットワーク〉の事例から」（『社会文化研究』第13号、2011年）、「労働基準法改定の動静における女性運動内部の相克とその意味——「保護」と「平等」をめぐる陥穽点を軸として」（『現代社会学理論研究』第6号、2012年）など。

Web ページ http://www.arsvi.com/w/mk02.htm

主婦《しゅふ》と労働《ろうどう》のもつれ —— その争点と運動

2012年3月31日　初版第1刷発行　四六判・総頁数334頁（全体336頁）

著者　村上　潔
Murakami Kiyoshi

発行者　竹中尚史
本文組版・装幀　洛北出版編集

発行所　洛北出版
606-8267
京都市左京区北白川西町 87−17
tel / fax　075-723-6305
info@rakuhoku-pub.jp
http://www.rakuhoku-pub.jp
郵便振替　00900-9-203939

印刷　モリモト印刷

ISBN978-4-903127-15-6 C0036

汝の敵を愛せ
アルフォンソ・リンギス 著　中村裕子 訳　田崎英明 解説

四六判・上製・320頁　定価（本体2,600円＋税）

イースター島、日本、ジャワ、ブラジル……旅をすみかとする哲学者リンギスが、異邦の土地での日常生活から生じる強烈な体験から、理性を出しぬき凌駕する情動や熱情のありかを描きだす。自分を浪費することの悦びに満ちた「瞬間」へのガイド。

何も共有していない者たちの共同体
アルフォンソ・リンギス 著　野谷啓二 訳　田崎英明・堀田義太郎 解説

四六判・上製・284頁　定価（本体2,600円＋税）

私たちと何も共有するもののない――人種的つながりも、言語も、宗教も、経済的な利害関係もない――人びとの死が、私たちと関係しているのではないか？　すべての「クズ共」のために、侵害されることに身をさらす悦びを謳いあげる代表作品。

抵抗の場へ　あらゆる境界を越えるために　マサオ・ミヨシ自らを語る
マサオ・ミヨシ×吉本光宏 著　四六判・上製・384頁　定価（本体2,800円＋税）

アメリカで英文学教授となるまでの過去、ベトナム戦争、チョムスキーやサイードとの出会い、「我々日本人」という国民国家……知識を考える者として自らの軌跡をたどりながら、人文科学と大学が今なすべきことを提言するミヨシの肉声の記録。

いまなぜ精神分析なのか　抑うつ社会のなかで
エリザベート・ルディネスコ 著　信友建志・笹田恭史 訳

四六判・上製・268頁　定価（本体2,400円＋税）

こころをモノとしてあつかう抑うつ社会のなかで、薬による療法が全盛をほこっている。精神分析なんか、いらない？　精神分析100年の歴史をふりかえりながら、この疑問に真正面から答える。

出来事のポリティクス　知－政治と新たな協働
マウリツィオ・ラッツァラート 著　村澤真保呂・中倉智徳 訳

四六判・上製・384頁　定価（本体2,800円＋税）

現代の資本主義と労働運動に起こった深い変容を描きだすとともに、不安定生活者による社会運動をつうじて、新たな労働論、コミュニケーション論を提唱する。創造性を企業からいかに奪い返すか？　イタリア出身の新鋭の思想家、初の邦訳。

釜ヶ崎のススメ

原口 剛・稲田七海・白波瀬達也・平川隆啓 編著

四六判・並製・400頁　定価（本体2,400円＋税）

日雇い労働者のまち、単身者のまち、高齢化するまち、福祉のまち、観光のまち ……このまちでは、ひとは、いかに稼いできたのか？　いかに集い、いかに作り、いかにひとを灯しているのか？　このまちの経験から、いまを生き抜くための方法を学ぶ。

ガブリエル・タルド　贈与とアソシアシオンの体制へ

中倉智徳 著　四六判・上製・448頁　定価（本体3,200円＋税）

労働の喜びとは何か？　それは、共にあり、共に作業すること、社交性が花を咲かせることである。そのためには、余暇の増大と、無数のアソシアシオンの群生が不可欠なのである。タルドの〈欲望と信念に基づく富の理論＝統治術〉を丁寧に読み解く。

支配なき公共性　デリダ・灰・複数性

梅木達郎 著　四六判・上製・302頁　定価（本体2,600円＋税）

〈脱構築以降〉の政治的思考とは、いかなるものなのか。〈存在の複数性〉は、どのように思考することができるのか。デリダ、アーレント、ジュネ、ドゥギー、セリーヌたちとの「対話」を通じて〈来たるべき民主主義〉を考察する。

スピノザ　共同性のポリティクス

浅野俊哉 著　四六判・上製・302頁　定価（本体2,600円＋税）

スピノザの倫理的な定式はただ一つ――「汝の活動力を増大させるように行動せよ」。これだけである。ドゥルーズ、ネグリの思想を踏まえ、〈群衆 − 多数性〉による民主主義の基底をなしている、〈喜び〉にもとづく集団的組織化の地平を示す。

親密性

レオ・ベルサーニ 著　2012年刊行予定

2012年3月10日現在
在庫のある書籍